I0567151

BESTACTIVITYBOOKS.COM

PRIMERA EDICIÓN - 2022

Ilustración Gráfica Extra: www.freepik.com
Gracias a Alekksall, Starline, Pch.vector, Rawpixel.com, Vectorpocket, Dgim-studio, Upklyak, Macrovector, Stockgiu, Pikisuperstar & Freepik.com Designers

5 CONSEJOS PARA EMPEZAR

1) CÓMO RESOLVER LAS SOPA DE LETRAS

Los rompecabezas tienen un formato clásico:

- Las palabras se ocultan sin espacios ni guiones,...
- Orientación: Las palabras pueden escribirse hacia delante, hacia atrás, hacia arriba, hacia abajo o en diagonal (pueden estar invertidas).
- Las palabras pueden superponerse o cruzarse.

2) APRENDIZAJE ACTIVO

Junto a cada palabra hay un espacio para anotar la traducción. Para fomentar un aprendizaje activo, un **DICCIONARIO** al final de esta edición te permitirá comprobar y ampliar tus conocimientos. Busca y anota las traducciones, encuéntralas en el puzzle y añádelas a tu vocabulario!

3) MARCAR LAS PALABRAS

Puedes inventar tu propio sistema de marcado. ¿Quizás ya usas uno? También puedes, por ejemplo, marcar las palabras difíciles de encontrar con una cruz, las que te gustan con una estrella, las nuevas con un triángulo, las raras con un diamante, etc.

4) ESTRUCTURAR EL APRENDIZAJE

Esta edición ofrece un **CUADERNO DE NOTAS** muy práctico al final del libro. En vacaciones, de viaje o en casa, podrás organizar fácilmente tus nuevos conocimientos sin necesidad de un segundo cuaderno!

5) ¿HABÉIS TERMINADO TODAS LAS PARRILLAS?

En las últimas páginas de este libro, en la sección **DESAFÍO FINAL**, encontrarás un juego gratis!

¡Rápido y sencillo! Echa un vistazo a nuestra colección de libros de actividades para tu próximo momento de diversión y aprendizaje, ¡a sólo un clic de distancia!

Encuentre su próximo reto en:

BestActivityBooks.com/MiProximoLibro

En sus marcas, listos, ¡Ya!

¿Sabías que hay unas 7.000 lenguas diferentes en el mundo? Las palabras son preciosas.

Nos encantan los idiomas y hemos trabajado duro para crear libros de la más alta calidad para tí. ¿Nuestros ingredientes?

Una selección de temas adecuados para el aprendizaje, tres buenas porciones de entretenimiento, y luego añadimos una cucharada de palabras difíciles y una pizca de palabras raras. Los servimos con cariño y máxima diversión para que puedas resolver los mejores juegos de palabras y te diviertas aprendiendo!

Tu opinión es esencial. Puedes participar activamente en el éxito de este libro dejándonos un comentario. Nos encantaría saber qué es lo que más le ha gustado de esta edición.

Aquí hay un enlace rápido a tu página de pedidos:

BestBooksActivity.com/Opiniones50

Gracias por tu ayuda y diviértete!

Todo el equipo

1 - Ajedrez

N	B	Y	P	U	N	Â	U	Q	N	Á	U	Q	R
A	M	A	T	R	A	G	O	H	L	T	L	L	Y
T	U	Y	C	C	C	Ợ	Ư	L	N	Ế	I	H	C
R	K	C	Y	K	G	O	T	Ờ	I	D	D	H	U
Ò	R	M	G	A	P	É	Q	R	I	K	T	Q	Ấ
C	H	Y	S	I	N	H	H	N	Ắ	C	R	N	Đ
H	N	V	H	H	E	C	C	O	M	N	H	B	I
Ơ	I	U	R	T	Đ	G	A	R	R	R	G	Ơ	Ả
I	M	A	P	C	I	N	Q	U	Y	T	Ắ	C	I
R	G	V	L	Ộ	P	Ờ	U	P	H	R	M	I	G
D	N	A	A	U	M	Ư	N	Ữ	H	O	À	N	G
G	Ô	B	N	C	Ể	Đ	Ố	I	T	H	Ủ	A	U
T	H	Ờ	I	G	I	A	N	P	T	P	C	G	L
I	T	T	H	Ụ	Đ	Ộ	N	G	P	D	R	Q	V

TRẮNG
QUÁN QUÂN
CUỘC THI
ĐƯỜNG CHÉO
CHIẾN LƯỢC
THÔNG MINH
TRÒ CHƠI
NGƯỜI CHƠI
ĐEN
ĐỐI THỦ
THỤ ĐỘNG
ĐIỂM
QUY TẮC
NỮ HOÀNG
VUA
HY SINH
THỜI GIAN
GIẢI ĐẤU

2 - Agua

D	A	I	D	R	B	G	V	D	G	Y	B	T	G
Y	K	T	P	L	Q	O	M	A	H	I	O	P	H
O	N	V	N	D	C	D	Ư	R	B	L	Ã	Y	L
T	H	Ủ	Y	L	Ợ	I	A	D	R	N	B	Y	Ũ
K	U	R	Á	Đ	C	Ớ	Ư	N	U	Ố	N	G	L
R	H	G	I	G	T	U	Y	Ế	T	U	Ơ	N	Ụ
L	G	K	G	N	I	Ơ	H	Y	A	B	C	Ơ	T
Q	U	Ê	G	Ô	Y	Ó	Ồ	Đ	T	Q	Y	Ư	H
G	A	N	N	S	H	P	M	M	Ộ	V	O	D	Ơ
Q	N	H	Ơ	U	K	V	Q	Ù	B	Ẩ	U	I	I
C	V	Ó	Ư	R	I	K	O	U	A	C	M	Ạ	N
G	E	Y	S	E	R	V	H	P	A	U	K	Đ	Ư
V	Ò	I	H	O	A	S	E	N	R	G	N	R	Ớ
V	I	D	A	Y	P	H	U	A	K	H	Y	D	C

KÊNH
VÒI HOA SEN
BAY HƠI
GEYSER
SƯƠNG GIÁ
NƯỚC ĐÁ
ĐỘ ẨM
CƠN BÃO
LŨ LỤT
HỒ
MƯA
GIÓ MÙA
TUYẾT
ĐẠI DƯƠNG
SÓNG
UỐNG
THỦY LỢI
SÔNG
HƠI NƯỚC

3 - Arqueología

O	M	V	I	V	I	O	Ổ	H	A	V	H	A	G
M	Ả	D	V	P	D	H	C	Í	T	I	D	G	N
P	N	U	R	M	Q	Ó	D	H	B	N	Ộ	T	P
P	H	P	C	Ộ	P	A	G	Y	N	Ê	R	Đ	R
V	D	D	Q	C	M	T	N	N	Ề	Y	Y	O	D
T	U	H	Á	I	G	H	N	Á	Đ	U	H	V	C
L	H	B	V	L	U	Ạ	D	Q	I	G	N	Q	B
G	I	Á	O	S	Ư	C	K	H	Ô	N	G	R	Õ
B	Í	Ẩ	N	X	Q	H	B	Q	G	Ỷ	N	Ă	M
H	R	M	N	Ư	C	U	Q	K	N	K	N	V	N
G	A	P	Q	Ơ	Q	Q	Ê	Đ	Ồ	G	Ố	M	M
H	C	Í	T	N	Â	H	P	N	A	A	L	U	U
P	L	A	Y	G	N	Ợ	Ư	T	I	Ố	Đ	G	H
C	H	U	Y	Ê	N	G	I	A	H	O	R	I	I

PHÂN TÍCH
CỔ
NĂM
ĐỒ GỐM
KHÔNG RÕ
ĐỘI
KỶ NGUYÊN
ĐÁNH GIÁ
CHUYÊN GIA
HÓA THẠCH

MẢNH
XƯƠNG
BÍ ẨN
ĐỐI TƯỢNG
QUÊN
GIÁO SƯ
DI TÍCH
NGÔI ĐỀN
MỘ

4 - Granja #2

Ỏ	C	G	N	Ồ	Đ	A	M	D	U	K	C	N	L
D	M	H	C	Ạ	M	A	Ú	L	M	A	Ố	G	Ú
D	O	M	Í	G	R	R	R	B	Q	U	I	Ỗ	A
T	Y	D	D	N	T	H	Ứ	C	Ă	N	X	N	M
L	C	O	U	O	I	M	A	G	T	Y	A	G	Ì
N	G	Ô	O	Ổ	G	H	C	C	R	V	Y	Y	N
T	G	T	Q	T	S	Ữ	A	Y	T	U	G	G	H
H	C	Ậ	R	N	Ô	N	G	D	Â	N	I	H	Y
Ủ	Ừ	V	T	Á	Q	C	A	A	O	L	Ó	I	K
Y	U	G	Q	A	I	C	H	K	U	V	N	G	N
L	A	N	M	Ự	T	C	M	Á	Y	K	É	O	I
Ợ	R	Ộ	U	V	Y	N	Â	D	K	D	D	N	T
I	U	Đ	C	I	Ị	C	Y	Y	O	N	V	C	H
R	Q	V	A	Y	V	T	V	T	D	I	M	Y	Ẻ

NÔNG DÂN
ĐỘNG VẬT
LÚA MẠCH
TỔ ONG
THỨC ĂN
TRÁI CÂY
NGỖNG
VỰA
THẺ
SỮA

CHÍN
NGÔ
CỐI XAY GIÓ
CỪU
VỊT
ĐỒNG CỎ
THỦY LỢI
MÁY KÉO
LÚA MÌ
RAU

5 - La Empresa

C	T	T	I	Ề	N	L	Ư	Ơ	N	G	D	Q	R
C	H	À	Đ	Ơ	N	V	Ị	Y	Ộ	M	Y	U	C
Ô	R	U	I	U	B	L	T	L	B	P	H	T	V
N	Ủ	Q	Y	N	T	D	O	A	N	H	T	H	U
G	I	U	S	Ê	G	R	R	N	Ế	U	Q	K	K
N	R	Y	Á	D	N	U	Ì	T	I	K	V	L	H
G	O	Ế	N	A	O	N	Y	N	T	V	K	Q	Ả
H	X	T	G	N	I	V	G	Ê	H	B	G	A	N
I	U	Đ	T	H	Đ	I	A	H	N	B	R	M	Ă
Ệ	H	Ị	Ạ	T	Ầ	Ệ	L	M	I	K	À	Y	N
P	Ư	N	O	I	U	C	H	B	H	Ệ	B	Y	G
M	Ớ	H	N	Ế	T	L	Q	L	U	V	P	G	M
K	N	A	C	N	Ư	À	S	Ả	N	P	H	Ẩ	M
A	G	P	M	G	L	M	T	O	À	N	C	Ầ	U

SÁNG TẠO
QUYẾT ĐỊNH
VIỆC LÀM
TOÀN CẦU
CÔNG NGHIỆP
DOANH THU
ĐẦU TƯ
KHẢ NĂNG
TRÌNH BÀY
SẢN PHẨM
CHUYÊN NGHIỆP
TIẾN BỘ
TÀI NGUYÊN
DANH TIẾNG
RỦI RO
TIỀN LƯƠNG
XU HƯỚNG
ĐƠN VỊ

6 - Pesca

A	O	U	R	C	B	D	U	C	M	K	B	Q	T
Ù	B	N	V	A	L	H	N	I	M	Y	N	A	H
M	A	N	G	B	M	V	V	K	R	M	R	I	I
O	H	U	N	O	L	Ồ	A	N	P	U	T	O	Ế
L	N	B	Ô	C	N	Ể	I	B	I	Ã	B	G	T
P	Ẫ	G	S	R	Q	L	G	Đ	I	P	V	T	B
C	H	M	U	U	T	T	O	Ạ	P	Q	T	H	Ị
Â	N	Ó	G	Y	D	L	L	I	U	T	A	Ồ	A
N	N	M	N	P	Â	N	P	D	C	K	T	I	M
N	Ê	M	T	G	Y	Â	V	Ư	Á	H	À	M	I
Ặ	I	B	N	H	Đ	N	I	Ơ	I	R	D	O	C
N	K	O	M	B	K	Ạ	G	N	R	O	U	I	M
G	N	Ấ	U	Ó	U	V	I	G	Ổ	A	A	A	R
T	Q	I	C	A	C	Ớ	Ư	N	Ề	Y	U	H	T

NƯỚC
VÂY
THUYỀN
MANG
DÂY
MỒI
CÁI RỔ
NẤU
THIẾT BỊ
PHÓNG ĐẠI
MÓC
HỒ
HÀM
ĐẠI DƯƠNG
KIÊN NHẪN
CÂN NẶNG
BÃI BIỂN
SÔNG
MÙA

7 - Aviones

T	R	X	M	H	C	Á	H	K	H	N	À	H	V
T	H	M	Â	R	B	D	Ư	Ử	S	H	C	Ị	L
L	C	I	Q	Y	M	O	Ớ	B	L	I	O	T	K
V	I	N	Ế	A	D	D	N	Ó	Y	Ê	Q	L	H
Đ	N	O	O	T	K	Ự	G	N	P	N	N	R	Ô
H	Ộ	A	P	K	K	H	N	G	T	L	G	C	N
A	B	C	B	N	Ơ	Ế	U	G	Ế	I	C	M	G
H	Ổ	U	A	Y	C	P	A	K	I	Ệ	P	G	K
G	Đ	Ề	L	O	G	I	Ờ	R	T	U	Ầ	B	H
P	H	I	C	Ô	N	G	B	Q	I	K	O	K	Í
M	Y	H	Q	G	Ộ	P	A	V	Ờ	G	C	O	P
H	R	C	A	M	Đ	P	C	L	H	K	I	P	O
H	Y	D	R	O	A	R	V	L	T	L	Y	B	C
P	H	I	H	À	N	H	Đ	O	À	N	Y	Q	Y

KHÔNG KHÍ
ĐỘ CAO
CHIỀU CAO
ĐỔ BỘ
BẦU TRỜI
THỜI TIẾT
NHIÊN LIỆU
XÂY DỰNG
HƯỚNG
THIẾT KẾ
BÓNG
HYDRO
LỊCH SỬ
ĐỘNG CƠ
HÀNH KHÁCH
PHI CÔNG
PHI HÀNH ĐOÀN

8 - Tipos de Cabello

S	G	K	Y	U	U	Q	U	X	H	G	G	Đ	M
V	Á	B	H	Y	B	Ệ	N	G	O	U	D	E	V
A	D	N	C	Ỏ	B	Ạ	C	G	N	Ă	P	N	R
M	Ề	M	G	V	E	Y	B	O	U	A	N	V	O
R	T	C	N	B	D	M	Á	X	U	À	M	M	K
N	Q	H	Ắ	D	Ó	O	Ạ	L	À	R	Y	Ỏ	H
D	D	K	R	À	Q	N	T	N	M	Y	U	N	Ô
K	M	D	T	I	C	Ắ	G	M	H	Q	O	G	O
B	À	N	Q	Ó	H	G	N	P	Q	L	R	D	U
R	U	M	A	H	Q	N	À	A	V	L	D	L	L
A	N	A	G	O	V	T	V	Q	D	À	Y	U	N
I	Â	Q	S	L	R	U	C	M	A	A	H	N	N
D	U	B	Q	Q	H	N	Ó	L	B	U	H	G	N
S	N	N	O	Q	A	Q	T	L	L	T	P	Q	U

TRẮNG
SÁNG BÓNG
HÓI
MÀU
NGẮN
MỎNG
MÀU XÁM
DÀY
DÀI
MÀU NÂU

ĐEN
BẠC
XOĂN
CURLS
TÓC VÀNG
KHỎE MẠNH
KHÔ
MỀM
BỆN
BRAIDS

9 - Ética

O	T	G	U	O	L	N	T	V	V	Y	G	I	M
Y	I	P	D	G	Ạ	H	R	H	Ợ	P	T	Á	C
K	Ạ	I	Q	N	C	Â	U	C	Á	N	H	Â	N
T	H	Ạ	A	Ọ	Q	N	N	Ẹ	V	N	À	O	T
U	G	O	T	R	U	P	G	L	C	A	O	L	T
B	N	L	A	T	A	H	T	Ị	V	O	G	Ò	R
Y	Ơ	N	Q	N	N	Ẩ	H	R	V	P	K	N	I
T	Ư	Â	K	Ô	D	M	Ự	T	O	K	O	G	Ế
D	H	H	V	T	G	U	C	Á	H	U	G	T	T
A	T	N	H	C	A	L	N	I	P	Ợ	B	Ố	H
K	I	Ê	N	N	H	Ẫ	N	G	I	B	P	T	Ọ
L	Ò	N	G	V	Ị	T	H	A	U	P	Q	L	C
N	G	O	Ạ	I	G	I	A	O	V	G	O	U	Ý
S	Ự	K	H	Ô	N	N	G	O	A	N	Y	Q	M

LÒNG VỊ THA
LÒNG TỐT
THƯƠNG HẠI
HỢP TÁC
NHÂN PHẨM
NGOẠI GIAO
TRIẾT HỌC
TRUNG THỰC
NHÂN LOẠI
CÁ NHÂN
TOÀN VẸN
LẠC QUAN
KIÊN NHẪN
HỢP LÝ
TÔN TRỌNG
SỰ KHÔN NGOAN
KHOAN DUNG
GIÁ TRỊ

10 - Ciencia Ficción

N	V	M	Y	T	Ệ	B	Í	Ẩ	N	Y	A	R	T
G	T	Ế	Y	U	H	T	U	Ể	I	T	A	I	U
U	Y	K	D	K	G	I	T	D	Q	A	V	T	Y
Y	N	Q	G	Ổ	N	A	Ê	H	L	V	Y	O	Ễ
Ê	Q	N	Q	A	G	L	P	N	Ế	R	C	H	T
N	K	T	U	T	N	G	V	T	H	G	Á	I	V
T	P	M	I	D	Ô	N	C	O	V	À	I	P	Ờ
Ử	M	P	T	Q	C	Ơ	N	Ự	H	P	G	Ớ	I
T	H	Ự	C	T	Ế	Ư	A	V	C	H	O	S	I
U	T	O	P	I	A	T	Q	I	A	Q	Ả	Á	L
X	A	X	Ô	I	O	R	A	C	L	E	L	C	I
T	Ư	Ở	N	G	T	Ư	Ợ	N	G	H	Ử	H	U
K	I	K	Ị	C	H	B	Ả	N	G	M	A	G	A
N	I	B	H	À	N	H	T	I	N	H	C	V	D

NGUYÊN TỬ
XA XÔI
KỊCH BẢN
NỔ
CỰC
TUYỆT VỜI
LỬA
TƯƠNG LAI
THIÊN HÀ
ẢO GIÁC
TƯỞNG TƯỢNG
SÁCH
BÍ ẨN
THẾ GIỚI
TIỂU THUYẾT
ORACLE
HÀNH TINH
THỰC TẾ
CÔNG NGHỆ
UTOPIA

11 - Circo

A	K	V	I	O	M	A	N	C	Y	B	A	Ừ	L
C	C	Ụ	H	P	G	N	A	R	T	Ó	C	P	B
I	O	V	N	O	C	V	D	G	Ậ	N	R	C	G
U	N	Ẹ	B	I	Ạ	T	H	É	V	G	O	G	Y
Ỉ	H	C	K	R	H	L	U	R	G	B	B	H	L
H	Ổ	Y	C	I	N	P	Ề	O	N	A	A	N	I
K	R	Q	H	D	M	H	G	U	Ộ	Y	T	Q	N
K	L	B	R	M	Â	Y	R	Đ	Đ	I	C	U	L
H	T	U	N	G	H	Ứ	N	G	Ẹ	L	I	M	U
Á	B	A	R	N	L	S	Ư	T	Ử	P	H	H	I
N	M	A	T	H	U	Ậ	T	A	U	V	M	A	Y
G	G	U	Y	R	Y	O	O	G	B	T	H	Ắ	O
I	C	I	Q	P	G	R	B	O	P	C	G	M	T
Ả	P	U	Q	T	G	P	P	D	T	I	G	D	V

ACROBAT
ĐỘNG VẬT
VÉ
KẸO
LỀU
CON VOI
ĐẸP MẮT
KHÁN GIẢ
BÓNG BAY
SƯ TỬ
MA THUẬT
TUNG HỨNG
KHỈ
CHỈ
ÂM NHẠC
CON HỔ
TRANG PHỤC
LỪA

12 - Granja #1

C	H	I	A	N	I	Q	D	D	G	Q	O	V	L
O	O	Ạ	M	A	G	C	C	Y	N	P	Q	K	H
N	R	O	T	Ự	Q	L	M	C	O	G	C	U	K
M	Đ	Ấ	T	G	K	A	I	G	D	O	V	Q	A
È	P	B	N	N	I	O	V	U	H	I	C	P	M
O	C	Ắ	D	P	H	Ố	Y	D	D	M	Ạ	Ệ	H
À	O	P	O	N	Ó	B	N	Â	H	P	U	I	C
R	N	C	R	Q	P	A	M	G	O	U	Q	H	H
G	O	H	A	Y	I	C	T	R	Ư	Ờ	N	G	Ó
N	N	Â	A	O	E	Ỏ	B	Ò	T	O	O	N	G
À	G	N	H	L	T	K	G	H	M	T	C	G	C
H	A	A	Y	U	L	H	N	K	U	H	Ớ	N	L
P	D	Q	N	Q	Q	Ô	H	O	Ạ	G	Ư	Ô	A
M	Ậ	T	O	N	G	Q	O	Ê	D	À	N	N	B

CON ONG
NÔNG NGHIỆP
NƯỚC
GẠO
DONKEY
NGỰA
DÊ
TRƯỜNG
CON QUẠ
PHÂN BÓN
CON MÈO
CỎ KHÔ
MẬT ONG
CHÓ
GÀ
HẠT GIỐNG
BẮP CHÂN
ĐẤT
BÒ
HÀNG RÀO

13 - Camping

D	T	H	I	Ê	N	N	H	I	Ê	N	M	I	T
Đ	Â	B	Ả	N	Đ	Ồ	L	A	B	À	N	N	Q
P	Ộ	Y	L	K	K	T	P	R	O	G	H	L	L
N	R	N	T	L	Ử	A	H	X	U	Ồ	N	G	Ề
Ú	Ừ	Ắ	G	H	N	Q	Q	I	V	U	O	N	U
I	N	B	M	V	Ừ	Y	C	Y	Ế	U	R	Õ	C
M	G	N	Ũ	H	Ậ	N	G	L	N	T	O	V	Ô
Ặ	T	Ă	C	T	D	T	G	I	H	A	B	U	N
T	G	S	N	R	B	Y	N	I	B	A	C	Ị	T
T	H	K	C	Â	Y	K	Ồ	R	U	R	B	U	R
R	C	P	Q	I	T	N	L	V	U	A	I	A	Ù
Ă	M	D	G	D	O	G	N	N	N	T	R	M	N
N	R	L	H	Ồ	G	R	È	Y	O	Y	L	B	G
G	C	K	U	P	I	T	Đ	C	M	A	G	H	I

ĐỘNG VẬT
CÂY
RỪNG
LA BÀN
CABIN
XUỒNG
LỀU
SĂN BẮN
DÂY THỪNG
THIẾT BỊ
LỬA
VÕNG
CÔN TRÙNG
HỒ
ĐÈN LỒNG
MẶT TRĂNG
BẢN ĐỒ
NÚI
THIÊN NHIÊN
MŨ

14 - Fruta

C	L	O	Y	Y	N	B	C	T	D	O	M	H	Q
V	Â	D	K	L	G	O	O	R	Ứ	M	K	A	U
H	L	Y	L	B	P	U	R	Á	A	O	A	V	Ả
Q	Y	H	X	I	T	Ơ	B	I	Á	R	T	C	A
P	P	T	B	U	M	B	L	X	M	Q	Q	O	N
V	R	O	I	Q	Â	I	A	O	Q	V	B	H	H
R	Đ	G	L	U	T	N	Ủ	À	O	U	V	M	Đ
G	G	À	Ê	Ả	Á	D	Đ	I	H	B	Ả	D	À
D	Ư	A	O	M	O	I	U	À	H	K	Q	M	O
G	N	Ừ	C	Ọ	N	Ố	Đ	D	O	H	N	I	Ơ
C	Q	D	A	N	Q	U	Ả	K	I	W	I	M	B
Y	K	A	M	G	C	H	A	N	H	L	D	T	U
M	Â	M	X	Ô	I	C	O	R	B	O	Y	Ổ	I
V	A	K	R	O	K	Y	M	C	N	H	O	I	A

TRÁI BƠ
QUẢ MƠ
QUẢ MỌNG
QUẢ ANH ĐÀO
DỪA
MÂM XÔI
ỔI
QUẢ KIWI
CHANH
TRÁI XOÀI
TÁO
ĐÀO
DƯA
CAM
CÂY XUÂN ĐÀO
ĐU ĐỦ
LÊ
DỨA
CHUỐI
NHO

15 - Geología

M	G	M	U	N	L	Q	I	C	S	V	R	H	V
H	Ó	A	T	H	Ạ	C	H	A	A	Ù	K	A	T
N	T	H	Ấ	R	G	M	G	L	N	N	U	N	C
A	T	N	Đ	L	U	D	I	C	H	G	U	G	N
H	O	G	G	M	A	Y	B	I	Ô	R	G	Đ	Ê
C	A	N	N	G	H	H	Y	U	Ố	D	H	Ộ	Y
Ạ	N	U	Ộ	B	H	N	R	M	H	U	T	N	U
H	Ú	D	Đ	T	I	N	H	T	H	Ể	M	G	G
T	I	I	A	Á	K	H	O	Á	N	G	S	Ả	N
C	L	H	T	Đ	Đ	O	C	G	H	M	V	V	O
D	Ử	L	Ớ	P	Q	G	O	C	A	N	K	L	A
G	A	G	M	Y	M	G	N	R	K	X	U	V	C
N	H	Ũ	Đ	Á	T	K	N	Ă	B	M	I	T	G
L	Ụ	C	Đ	Ị	A	X	Ó	I	M	Ò	N	T	H

AXIT
CALCIUM
LỚP
HANG ĐỘNG
LỤC ĐỊA
SAN HÔ
TINH THỂ
THẠCH ANH
XÓI MÒN
NHŨ ĐÁ
MĂNG ĐÁ
HÓA THẠCH
DUNG NHAM
CAO NGUYÊN
KHOÁNG SẢN
ĐÁ
MUỐI
ĐỘNG ĐẤT
NÚI LỬA
VÙNG

16 - Álgebra

V	C	Q	O	D	K	P	P	R	A	B	T	N	P
O	Ấ	A	N	L	U	I	H	O	C	B	U	V	H
G	U	N	O	S	I	B	Â	H	Ứ	K	Y	P	P
V	K	Ạ	Đ	V	Ố	A	N	U	H	N	Ế	A	G
Y	M	H	G	Ề	K	M	S	T	T	K	N	M	I
C	V	Ô	K	L	I	Ũ	Ố	T	G	L	T	A	Ả
Ặ	D	V	H	S	Ố	L	Ư	Ợ	N	G	Í	T	I
O	Y	S	Ơ	Đ	Ồ	T	R	Q	Ô	N	N	R	P
G	I	Ả	I	Q	U	Y	Ế	T	C	Ô	H	Ậ	H
N	N	N	P	H	É	P	T	R	Ừ	H	H	N	Á
H	I	H	H	K	M	U	Y	O	B	K	C	Ế	P
Đ	Ơ	N	G	I	Ả	N	H	Ó	A	Ố	U	I	V
M	D	N	N	U	V	O	I	B	P	S	V	B	O
P	H	Ư	Ơ	N	G	T	R	Ì	N	H	G	I	Y

SỐ LƯỢNG
SỐ KHÔNG
SƠ ĐỒ
PHƯƠNG TRÌNH
MŨ
TỐ
SAI
CÔNG THỨC
PHÂN SỐ
VÔ HẠN
TUYẾN TÍNH
MA TRẬN
SỐ
NGOẶC
VẤN ĐỀ
GIẢI QUYẾT
PHÉP TRỪ
ĐƠN GIẢN HÓA
GIẢI PHÁP
BIẾN

17 - Plantas

T	V	M	H	M	Y	C	V	R	O	X	T	V	B
H	L	U	B	M	L	Y	M	D	I	Ư	H	Ư	T
Ự	H	M	P	H	Ạ	T	Đ	Ậ	U	Ơ	Ự	Ờ	Y
C	A	O	H	H	N	Á	C	G	A	N	C	N	C
V	K	I	Â	Q	L	A	O	D	H	G	V	N	Â
Ậ	D	G	N	Ọ	M	Ả	U	Q	G	R	Ậ	G	Y
T	D	G	B	R	Q	V	F	C	U	Ồ	T	U	V
T	R	E	Ó	N	Ừ	D	Á	L	Ỏ	N	H	Ồ	I
R	K	Q	N	D	Y	N	G	G	O	G	Ọ	N	U
Ê	U	Y	N	U	Y	H	G	G	R	R	C	G	D
U	U	R	P	M	Ặ	T	T	R	Ờ	I	A	Ố	L
B	Ụ	I	C	Â	Y	D	C	L	P	U	O	C	Q
O	Y	L	M	T	Y	Q	G	P	Q	I	H	Y	G
G	R	T	P	Y	N	O	B	Q	M	K	I	G	L

BỤI CÂY
CÂY
TRE
QUẢ MỌNG
RỪNG
THỰC VẬT HỌC
XƯƠNG RỒNG
PHÂN BÓN
HOA
FLORA
LÁ
HẠT ĐẬU
IVY
CỎ
VƯỜN
RÊU
CÁNH HOA
NGUỒN GỐC
MẶT TRỜI
THỰC VẬT

18 - Suministros de Arte

B	B	G	P	I	H	I	A	K	P	P	M	H	N
T	K	À	I	O	M	N	L	C	T	U	À	O	H
A	Ẩ	N	N	Ấ	G	H	Ế	U	U	Q	U	B	I
G	C	Y	À	C	Y	D	O	Ạ	T	G	N	Á	S
Q	U	M	B	Ớ	H	N	Ả	Y	Á	M	Ư	D	O
K	D	P	U	Ư	V	Ả	S	Ơ	N	O	Ớ	Q	M
D	Ầ	U	C	N	L	Y	I	R	H	P	C	Ự	M
B	P	G	V	V	Y	L	E	A	S	E	L	M	P
K	I	T	H	V	V	G	G	Q	L	B	V	À	O
N	U	Đ	Ấ	T	S	É	T	C	E	H	K	U	Y
A	C	R	Y	L	I	C	A	K	T	P	C	S	Y
B	Ú	T	C	H	Ì	H	M	E	S	I	R	Ắ	V
Ý	T	Ư	Ở	N	G	Y	B	O	A	Q	B	C	A
I	L	C	R	R	U	K	R	O	P	H	B	G	D

DẦU
ACRYLIC
MÀU NƯỚC
NƯỚC
ĐẤT SÉT
TẨY
EASEL
MÁY ẢNH
BÀN CHẢI
MÀU SẮC

SÁNG TẠO
Ý TƯỞNG
BÚT CHÌ
BÀN
GIẤY
PASTELS
KEO
SƠN
GHẾ
MỰC

19 - Negocio

K	B	R	L	P	N	Ê	I	V	N	Â	H	N	H
T	I	N	K	L	R	G	G	U	Á	D	Y	H	À
À	Đ	N	Ề	I	T	T	Â	I	B	N	U	À	N
I	Ầ	Í	H	P	I	H	C	N	Ả	U	R	M	G
C	U	K	Y	T	G	N	Ô	C	S	M	B	Á	H
H	T	O	M	N	Ế	M	R	Y	V	Á	G	Y	Ó
Í	Ư	T	H	U	Ế	U	L	D	R	T	C	I	A
N	V	Ă	N	P	H	Ò	N	G	U	K	M	H	Á
H	C	Ị	D	O	A	I	G	G	T	N	A	P	T
H	I	Q	N	G	H	Ề	N	G	H	I	Ệ	P	I
T	H	U	N	H	Ậ	P	L	L	M	L	N	O	Ề
N	T	I	K	T	R	C	H	Ủ	N	H	Â	N	N
P	Y	M	Q	D	G	V	A	P	H	R	N	R	T
C	Ử	A	T	I	Ệ	M	D	Y	I	R	U	L	Ệ

NGHỀ NGHIỆP
CHI PHÍ
GIẢM GIÁ
TIỀN
KINH TẾ
NHÂN VIÊN
CHỦ NHÂN
CÔNG TY
NHÀ MÁY
TÀI CHÍNH
THUẾ
THU NHẬP
ĐẦU TƯ
HÀNG HÓA
TIỀN TỆ
VĂN PHÒNG
NGÂN SÁCH
CỬA TIỆM
GIAO DỊCH
BÁN

20 - Jardín

V	V	C	Ỏ	H	R	Q	B	M	M	K	D	C	B
M	Y	D	A	O	D	Y	O	L	D	M	C	U	Q
G	B	H	P	A	D	O	K	H	I	P	N	I	M
N	R	O	H	R	P	K	B	Y	B	A	D	C	I
G	K	A	L	A	C	M	H	I	D	Q	M	I	D
B	Ă	N	G	G	H	Ế	H	À	N	G	R	À	O
L	A	Ê	B	Y	N	Ờ	Ư	V	O	U	M	R	B
X	L	I	U	Đ	B	Ợ	B	Ụ	I	C	Â	Y	K
D	Ẻ	H	A	Á	P	H	Ư	W	E	E	D	S	C
K	C	N	O	Y	G	U	Ẻ	H	T	V	Ò	I	Â
M	A	À	G	T	Ạ	B	M	Ấ	T	Ấ	Đ	H	Y
N	D	U	O	V	Õ	N	G	P	I	N	Y	I	I
D	U	T	A	Y	N	A	B	G	Q	H	Â	U	P
C	Q	A	U	N	R	G	H	O	P	R	A	S	A

BỤI CÂY
CÂY
BĂNG GHẾ
AO
HOA
GA-RA
VÕNG
CỎ
THẺ
VƯỜN
WEEDS
VÒI
XẺNG
HIÊN
CÀO
ĐÁ
ĐẤT
SÂN THƯỢNG
TẤM BẠT
HÀNG RÀO

21 - Países #2

M	R	I	N	A	D	U	S	K	D	N	P	U	H
M	E	H	V	L	C	K	Y	N	Y	P	V	I	K
Á	E	X	Y	T	G	R	R	K	G	Y	U	Y	L
O	T	A	I	T	O	A	I	C	T	A	B	M	V
V	H	C	K	C	H	I	A	C	I	A	M	A	J
I	I	D	G	R	O	N	A	T	S	I	K	A	P
E	O	À	L	I	L	A	G	P	U	N	H	H	Á
T	P	I	N	D	O	N	E	S	I	A	Y	N	H
N	I	P	Ả	U	G	A	N	D	A	B	L	O	P
A	A	Y	B	O	C	T	B	K	K	L	Ạ	À	I
M	G	P	T	U	Y	A	K	H	I	A	P	Đ	Q
O	P	P	Ậ	I	R	E	L	A	N	D	M	Ồ	L
L	R	V	H	C	Ạ	M	N	A	Đ	B	C	B	K
B	V	C	N	O	H	O	B	D	P	Y	U	V	N

ALBANIA
VIETNAM
ÁO
ĐAN MẠCH
ETHIOPIA
PHÁP
HY LẠP
INDONESIA
IRELAND
JAMAICA

NHẬT BẢN
LÀO
MEXICO
PAKISTAN
BỒ ĐÀO NHA
NGA
SYRIA
SUDAN
UKRAINA
UGANDA

22 - Tecnología

O	B	K	Y	P	T	C	M	M	D	K	L	B	C
Q	Q	T	R	B	T	N	B	Ề	Ữ	Ỹ	V	T	Q
T	T	H	Ố	N	G	K	Ê	M	L	T	R	M	B
T	H	T	E	N	R	E	T	N	I	H	D	Á	L
R	Ậ	Ô	T	À	N	Y	O	Ầ	Ệ	U	R	Y	O
Ở	P	P	N	M	R	A	D	H	U	Ậ	O	Ả	G
R	V	I	T	G	V	K	I	P	D	T	G	N	Y
T	K	P	O	I	Đ	P	T	O	U	S	P	H	H
N	Ộ	I	C	H	N	I	N	N	A	Ố	B	N	A
O	G	M	O	H	C	B	Ệ	U	D	Y	R	Í	C
C	G	A	Y	T	Ữ	N	K	P	Q	T	V	T	D
N	G	H	I	Ê	N	C	Ứ	U	Q	M	G	Y	K
T	R	Ì	N	H	D	U	Y	Ệ	T	U	L	Á	K
Q	O	R	N	M	T	V	V	I	R	Ú	T	M	U

TẬP TIN
BLOG
NỘI
MÁY ẢNH
CON TRỎ
DỮ LIỆU
KỸ THUẬT SỐ
THỐNG KÊ
CHỮ
INTERNET
NGHIÊN CỨU
THÔNG ĐIỆP
TRÌNH DUYỆT
MÁY TÍNH
MÀN
AN NINH
PHẦN MỀM
ẢO
VI RÚT

23 - Números

H	O	D	M	H	S	C	M	B	Y	U	Q	M	V
D	H	R	L	C	Á	A	Ư	I	K	L	D	L	D
V	Q	R	O	H	U	K	Ờ	U	U	T	Y	Q	A
H	A	I	B	Í	Q	R	I	M	C	G	Ả	Y	L
I	C	R	M	N	I	P	B	Ư	H	N	B	N	V
A	O	R	A	O	Ơ	P	Ả	Ờ	Q	Ô	A	L	T
I	R	C	U	T	Ư	N	Y	I	M	H	L	N	H
Ờ	A	G	Á	M	M	Ố	H	C	P	K	R	D	Ậ
Ư	O	H	S	O	I	B	Q	H	B	Ố	N	R	P
M	Ư	Ờ	I	B	A	I	Y	Í	A	S	O	M	P
Á	R	C	Ờ	Ờ	H	Ờ	Y	N	V	A	D	G	H
T	R	T	Ư	B	Ư	Ư	O	O	P	O	U	O	Â
T	U	Q	M	Ă	N	M	Ă	L	I	Ờ	Ư	M	N
M	Ư	Ờ	I	T	Á	M	G	O	H	M	Q	V	R

MƯỜI BỐN
SỐ KHÔNG
NĂM
BỐN
THẬP PHÂN
MƯỜI CHÍN
MƯỜI TÁM
MƯỜI SÁU
MƯỜI BẢY
MƯỜI

MƯỜI HAI
HAI
CHÍN
TÁM
MƯỜI LĂM
SÁU
BẢY
MƯỜI BA
BA
HAI MƯƠI

24 - Física

T	T	Ừ	T	Í	N	H	C	C	R	K	T	T	H
O	R	O	G	C	Q	U	Ứ	N	Ổ	H	P	Ầ	Ó
A	Y	Ọ	Ử	T	N	Â	H	P	G	Í	T	N	A
I	Y	P	N	Â	H	N	T	Ạ	H	H	H	S	C
Y	M	O	B	G	V	U	G	K	O	K	Ỗ	Ố	H
K	V	V	I	I	L	N	N	K	M	Ơ	N	B	Ấ
M	U	N	Ế	M	G	Ự	Ô	H	R	C	L	R	T
L	Ử	T	N	Ệ	I	Đ	C	Ố	Y	H	O	B	R
P	I	L	K	N	A	K	M	I	B	Y	Ạ	K	D
T	K	D	P	H	T	U	K	L	V	P	N	A	G
K	K	Ộ	Đ	C	Ố	T	R	Ư	H	D	O	U	G
M	Ậ	T	Đ	Ộ	C	H	M	Ợ	R	H	G	L	O
Đ	Ộ	N	G	C	Ơ	I	Q	N	I	Ạ	T	T	K
N	G	U	Y	Ê	N	T	Ử	G	R	T	G	U	R

GIA TỐC
NGUYÊN TỬ
HỖN LOẠN
MẬT ĐỘ
ĐIỆN TỬ
CÔNG THỨC
TẦN SỐ
KHÍ
TRỌNG LỰC
TỪ TÍNH

KHỐI LƯỢNG
CƠ KHÍ
PHÂN TỬ
ĐỘNG CƠ
HẠT NHÂN
HẠT
HÓA CHẤT
PHỔ
BIẾN
TỐC ĐỘ

25 - Belleza

H	I	Q	I	Â	O	O	P	K	T	G	D	T	M
N	Ư	Y	H	N	Ả	N	Ă	Q	R	Ư	Ị	H	A
Q	M	Ơ	B	Q	I	I	V	B	A	Ơ	C	A	S
H	A	G	N	P	Y	A	V	T	N	N	H	N	C
A	B	C	G	G	M	V	U	N	V	G	V	H	A
N	T	H	S	N	T	V	K	À	B	B	Ụ	L	R
G	R	K	A	M	Ẩ	H	P	Ỹ	M	Ị	N	Ị	A
C	A	É	N	Q	R	T	Ơ	G	M	R	H	C	D
U	N	O	G	S	U	N	B	M	M	I	N	H	N
R	G	N	T	O	T	Y	S	T	Y	L	I	S	T
L	Đ	H	R	N	P	H	Ế	D	Ầ	U	H	T	G
S	I	T	Ọ	M	B	Q	O	N	D	A	G	V	U
N	Ể	K	N	Ô	O	U	L	U	R	B	M	D	A
A	M	K	G	I	Ộ	G	U	Ầ	D	Ũ	U	Y	Y

DẦU
DẦU GỘI
MÀU
MỸ PHẨM
SANG TRỌNG
THANH LỊCH
QUYẾN RŨ
GƯƠNG
STYLIST
ĂN ẢNH
HƯƠNG THƠM
ÂN
TRANG ĐIỂM
DA
SON MÔI
CURLS
MASCARA
DỊCH VỤ
MỊN
KÉO

26 - Países #1

M	D	U	P	T	I	A	Y	B	I	L	O	Q	P
G	N	Q	A	B	T	R	O	D	A	U	C	E	H
B	R	L	N	H	K	G	P	O	O	M	U	H	I
Ấ	L	N	A	C	K	E	C	A	Q	I	K	O	L
V	N	Q	M	P	D	N	P	A	K	C	H	N	I
D	P	Đ	A	M	H	T	H	N	G	K	G	D	P
P	R	Y	Ộ	A	M	I	H	B	N	D	T	U	P
M	R	P	Q	L	Ý	N	D	N	C	B	I	R	I
Ỉ	O	T	L	I	Z	A	R	B	N	P	V	A	N
B	D	R	T	Â	Y	B	A	N	N	H	A	S	E
A	G	Q	O	N	I	C	A	R	A	G	U	A	S
L	U	P	Ậ	C	I	A	N	A	U	Y	Đ	H	M
A	D	A	N	A	C	K	K	L	H	O	H	Ứ	O
N	Y	U	K	N	U	O	G	L	H	D	R	L	C

ĐỨC
ARGENTINA
BỈ
BRAZIL
CANADA
ECUADOR
AI CẬP
TÂY BAN NHA
PHILIPPINES
HONDURAS
ẤN ĐỘ
LIBYA
MALI
MOROCCO
NICARAGUA
NA UY
PANAMA
BA LAN

27 - Mitología

Q	A	L	K	U	N	M	A	N	D	S	T	M	N
C	U	G	N	P	M	Ê	N	I	O	Á	R	S	G
S	H	Á	N	C	D	C	H	Ề	T	N	U	Ự	U
I	N	I	I	C	P	U	H	M	É	G	Y	B	Y
N	Ạ	T	Ế	V	A	N	Ù	T	S	T	Ề	Ấ	Ê
H	M	Y	H	N	Ậ	G	N	I	Ấ	Ạ	N	T	N
V	C	Q	K	Ả	B	T	G	N	M	O	T	T	M
Ậ	Ứ	L	P	K	M	I	V	H	N	À	H	Ử	Ẫ
T	S	Y	K	R	N	H	N	C	E	I	U	T	U
V	Ă	N	H	O	Á	N	Ọ	H	H	I	Y	R	M
H	P	C	Ó	C	H	Ế	T	A	G	R	Ế	Ả	B
B	C	G	N	Ờ	Ư	Đ	N	Ê	I	H	T	T	N
R	Y	A	D	B	H	K	R	U	N	H	B	H	L
O	K	T	D	H	V	B	M	T	Q	D	L	Ù	Y

NGUYÊN MẪU
GHEN
THIÊN ĐƯỜNG
HÀNH VI
SÁNG TẠO
NIỀM TIN
SINH VẬT
VĂN HOÁ
THẢM HỌA
SỨC MẠNH
CHIẾN BINH
ANH HÙNG
SỰ BẤT TỬ
MÊ CUNG
TRUYỀN THUYẾT
QUÁI VẬT
CÓ CHẾT
SÉT
SẤM
TRẢ THÙ

28 - Ecología

T	H	I	Ê	N	N	H	I	Ê	N	C	Q	M	T
D	G	V	M	G	T	À	I	N	G	U	Y	Ê	N
S	Ự	S	Ố	N	G	C	Ò	N	Y	D	L	C	F
C	Y	M	A	R	S	H	H	V	Y	B	A	Y	L
M	Â	T	H	Ự	C	V	Ậ	T	H	B	O	O	O
I	C	Ộ	N	G	Đ	Ồ	N	G	G	Q	H	L	R
G	Ú	I	N	V	V	T	O	À	N	C	Ầ	U	A
H	Ạ	N	H	Á	N	Đ	R	T	Ạ	Ể	O	H	B
K	I	L	L	M	P	Ộ	B	K	D	L	I	V	Ề
Y	H	N	Ê	I	H	N	Ự	T	A	O	Q	B	N
T	V	Í	U	I	G	G	Q	R	Đ	À	N	C	V
C	C	O	H	D	N	V	Y	O	D	I	B	N	Ữ
O	P	T	Y	Ậ	V	Ậ	K	H	N	U	K	C	N
G	K	T	H	Y	U	T	O	B	H	Y	L	N	G

KHÍ HẬU
CỘNG ĐỒNG
ĐA DẠNG
LOÀI
ĐỘNG VẬT
FLORA
TOÀN CẦU
BIỂN
NÚI
TỰ NHIÊN
THIÊN NHIÊN
MARSH
CÂY
TÀI NGUYÊN
HẠN HÁN
BỀN VỮNG
SỰ SỐNG CÒN
THỰC VẬT

29 - Casa

V	K	B	Q	U	M	Q	T	U	U	M	Y	L	P
I	Ò	V	P	P	C	D	C	P	P	U	K	D	H
L	K	I	Ó	H	K	G	N	Ố	Ế	Y	V	O	Ò
G	U	Y	H	R	Y	P	T	O	B	Đ	È	N	N
G	A	R	A	O	À	R	G	N	À	H	P	T	G
N	S	C	M	V	A	R	D	K	H	A	K	H	N
Ơ	À	Ử	Ầ	Á	Ư	S	I	N	N	H	N	Ả	G
Ư	N	A	H	Y	I	Ờ	E	C	Ử	A	G	M	Ủ
G	N	S	G	T	I	N	N	N	L	U	Á	C	O
N	H	Ổ	N	O	B	G	H	G	P	N	C	H	Y
Ờ	À	G	Ầ	C	H	Ổ	I	À	D	V	X	V	N
Ư	I	O	T	T	H	Ư	V	I	Ệ	N	É	U	D
T	H	P	H	D	O	O	H	V	V	C	P	H	I
L	U	Q	V	M	A	T	P	P	H	N	B	U	V

THẢM
GÁC XÉP
THƯ VIỆN
ỐNG KHÓI
NHÀ BẾP
PHÒNG NGỦ
VÒI HOA SEN
CHỔI
GƯƠNG
GA-RA
VÒI
VƯỜN
ĐÈN
TƯỜNG
SÀN NHÀ
CỬA
TẦNG HẦM
MÁI NHÀ
HÀNG RÀO
CỬA SỔ

30 - Artes Visuales

U	H	Đ	A	B	G	V	C	K	M	A	O	M	R
Y	M	B	I	B	Ứ	C	Á	I	B	Ú	T	Ể	K
V	L	R	B	Ê	G	C	Ú	R	T	N	Ế	I	K
C	R	Y	P	G	U	H	T	M	Ố	G	Ồ	Đ	K
Ĩ	A	N	V	K	A	K	Ì	R	O	D	O	N	P
S	Á	N	G	T	Ạ	O	H	T	A	G	N	A	L
Ệ	Đ	Ấ	T	S	É	T	C	Ắ	H	N	Ầ	U	V
H	S	H	D	V	M	D	T	T	C	U	H	Q	N
G	Á	P	T	Q	V	Q	Ú	D	V	D	P	A	M
N	P	G	V	P	M	M	B	G	Q	N	H	U	L
P	H	I	M	Ả	N	H	K	P	T	Â	N	G	Q
G	I	Ấ	Y	N	Ế	N	V	L	I	H	À	V	Q
K	I	Ệ	T	T	Á	C	R	T	K	C	H	B	Ẽ
Ả	N	H	C	H	Ụ	P	H	N	D	O	T	Y	K

ĐẤT SÉT
KIẾN TRÚC
NGHỆ SĨ
VẼ
SÁP
ĐỒ GỐM
THÀNH PHẦN
SÁNG TẠO
ĐIÊU KHẮC
ẢNH CHỤP
BÚT CHÌ
KIỆT TÁC
PHIM ẢNH
QUAN ĐIỂM
BỨC TRANH
GIẤY NẾN
CÁI BÚT
CHÂN DUNG
PHẤN

31 - Salud y Bienestar #2

G	N	Ặ	N	N	Â	C	P	Q	M	Q	R	D	X
O	Ă	H	V	P	Q	R	C	H	D	T	K	Ị	O
Y	N	Ễ	I	V	H	N	Ệ	B	Ụ	P	T	Ứ	A
L	G	M	K	C	Q	Y	O	L	A	C	B	N	B
N	L	A	Á	H	G	G	U	N	B	R	H	G	Ó
Ề	Ư	M	D	U	Ỏ	G	L	G	Ệ	V	R	Ồ	P
Y	Ợ	G	L	G	B	E	B	O	N	B	A	G	I
U	N	L	D	R	N	G	M	N	H	M	A	N	Y
R	G	V	Ệ	S	I	N	H	Ạ	I	I	G	Ê	P
T	I	Ê	U	H	Ó	A	R	C	N	O	C	I	U
I	D	G	N	Ù	R	T	M	Ễ	I	H	N	K	N
D	K	L	G	O	D	I	N	H	D	Ư	Ỡ	N	G
G	I	Ả	I	P	H	Ẫ	U	H	Ọ	C	D	Ă	B
C	Ă	N	G	T	H	Ẳ	N	G	L	R	Y	A	B

DỊ ỨNG
GIẢI PHẪU HỌC
NGON
CALO
ĂN KIÊNG
TIÊU HÓA
NĂNG LƯỢNG
BỆNH
CĂNG THẲNG
DI TRUYỀN
VỆ SINH
BỆNH VIỆN
NHIỄM TRÙNG
XOA BÓP
DINH DƯỠNG
CÂN NẶNG
PHỤC HỒI
KHỎE MẠNH
MÁU

32 - Adjetivos #1

D	R	C	L	L	P	O	N	Ẻ	R	T	H	G	D
N	G	N	Q	Ớ	V	H	C	U	O	U	O	H	V
L	K	A	M	N	Ẫ	D	P	Ấ	H	Y	À	I	B
T	T	V	Ơ	I	R	D	B	O	H	Ệ	N	T	B
V	L	M	H	I	Ệ	N	Đ	Ạ	I	T	H	C	C
B	K	Ậ	T	N	Ặ	N	G	V	Ố	Đ	Ả	A	Q
C	Ự	H	T	G	N	U	R	T	T	Ố	O	U	D
V	Y	C	Ổ	A	P	N	B	V	L	I	P	B	G
U	Ô	P	G	N	Ọ	R	T	M	Ê	I	H	G	N
Q	B	T	Y	U	G	N	Ợ	Ư	L	G	N	Ộ	R
Ý	A	M	Ộ	R	K	L	T	Y	K	M	N	L	Y
U	A	D	Y	I	H	B	Ồ	P	P	Y	G	Á	M
Q	U	A	N	T	R	Ọ	N	G	D	C	L	N	S
H	O	Ạ	T	Đ	Ộ	N	G	O	N	M	P	T	D

TUYỆT ĐỐI
HOẠT ĐỘNG
THƠM
HẤP DẪN
SÁNG
KHỔNG LỒ
RỘNG LƯỢNG
LỚN
TRUNG THỰC
QUAN TRỌNG

VÔ TỘI
TRẺ
CHẬM
HIỆN ĐẠI
TỐI
HOÀN HẢO
NẶNG
NGHIÊM TRỌNG
QUÝ

33 - Familia

N	I	Q	B	Q	R	I	H	R	M	Q	C	I	E
C	V	A	K	Y	D	D	Q	C	B	M	H	Q	M
C	O	Q	D	K	L	R	N	D	D	Ẹ	Ú	P	G
C	G	N	H	Ì	U	V	A	C	A	L	R	K	Á
T	B	O	G	C	H	Á	U	G	Á	I	C	Ô	I
B	M	C	P	Á	P	U	V	G	C	C	H	N	P
U	Ấ	Ơ	H	T	I	Ờ	H	T	H	B	Á	G	R
G	N	Q	N	G	M	H	G	C	A	L	U	N	I
B	N	U	Ê	T	C	P	Ọ	V	Ợ	O	I	Ồ	Q
M	Y	G	I	A	R	T	H	N	A	P	V	H	C
N	D	K	T	L	T	Ẻ	M	K	V	I	U	C	V
M	I	P	Ổ	O	I	L	E	T	N	I	C	H	T
C	V	L	T	U	D	M	K	M	D	N	M	V	L
O	U	K	B	À	U	T	T	A	C	L	Q	Q	R

BÀ
ÔNG
TỔ TIÊN
VỢ
EM GÁI
ANH TRAI
CON GÁI
THỜI THƠ ẤU
MẸ
CHỒNG
CON
TRẺ EM
CHA
EM HỌ
CHÁU GÁI
CHÁU
DÌ
CHÚ

34 - Disciplinas Científicas

C	H	C	O	D	K	Q	Q	D	U	G	S	H	T
Ơ	C	Ọ	H	I	Ộ	H	Ã	X	Q	L	I	Ó	H
K	Ị	H	O	N	H	T	O	V	Y	R	N	A	Ự
H	D	Ý	I	H	R	Ó	Â	Á	G	H	H	H	C
Í	N	L	P	D	M	I	A	M	N	C	H	Ọ	V
C	Ễ	H	C	Ư	Q	U	P	S	L	G	Ọ	C	Ậ
R	I	N	L	Ỡ	C	B	D	C	I	Ý	C	M	T
O	M	I	P	N	I	Á	H	T	H	N	I	S	H
L	K	S	Ữ	G	N	N	Ô	G	N	G	H	G	Ọ
G	G	I	Ả	I	P	H	Ẫ	U	H	Ọ	C	V	C
Đ	Ị	A	C	H	Ấ	T	H	Ọ	C	T	T	Q	Q
D	A	B	Y	K	H	Ả	O	C	Ổ	H	Ọ	C	Q
T	H	I	Ê	N	V	Ă	N	H	Ọ	C	P	Y	Q
T	H	Ầ	N	K	I	N	H	T	I	Y	D	H	I

GIẢI PHẪU HỌC
KHẢO CỔ HỌC
THIÊN VĂN HỌC
SINH HỌC
HÓA SINH
THỰC VẬT HỌC
SINH THÁI
SINH LÝ HỌC
ĐỊA CHẤT HỌC
MIỄN DỊCH
NGÔN NGỮ
CƠ KHÍ
KHOÁNG
THẦN KINH
DINH DƯỠNG
TÂM LÝ
HÓA HỌC
XÃ HỘI HỌC

35 - Moda

V	Y	I	R	M	V	G	H	C	T	A	T	R	T
T	Ố	I	G	I	Ả	N	I	Ử	H	T	N	E	T
H	C	O	A	K	M	Ớ	Ệ	A	C	Y	P	N	O
N	C	G	Đ	I	C	Ư	N	H	H	V	H	Ế	K
G	I	O	N	Ắ	M	H	Đ	À	N	Ả	H	T	T
H	Y	O	O	B	T	U	Ạ	N	Ú	I	C	C	Đ
Ề	Q	M	N	P	G	X	I	G	T	D	Á	Ự	Ơ
T	Q	I	Ẫ	T	H	A	N	H	L	Ị	C	H	N
H	K	I	N	U	Q	U	Ầ	N	Á	O	G	T	G
Ê	G	D	A	K	Ế	T	C	Ấ	U	Q	N	P	I
U	U	B	A	N	T	Y	C	T	A	L	O	B	Ả
Y	Q	A	Q	T	N	B	A	R	T	O	H	L	N
K	H	I	Ê	M	T	Ố	N	G	Ố	C	P	C	C
D	Q	P	T	I	N	H	V	I	P	A	D	L	O

NGHỀ THÊU
NÚT
CỬA HÀNG
ĐẮT
THANH LỊCH
REN
PHONG CÁCH
ĐO
TỐI GIẢN
HIỆN ĐẠI
KHIÊM TỐN
GỐC
MẪU
THỰC TẾ
QUẦN ÁO
ĐƠN GIẢN
TINH VI
VẢI
XU HƯỚNG
KẾT CẤU

36 - Electricidad

V	T	B	S	L	T	D	T	I	Q	C	Q	B	M
Đ	I	I	Ố	Ư	H	N	V	B	P	T	P	Q	L
Ố	Ê	D	L	U	I	R	I	A	I	B	D	B	G
I	U	L	Ư	T	Ế	H	O	U	G	A	H	T	Y
T	C	M	Ợ	R	T	O	P	B	K	R	H	K	M
Ư	Ự	Â	N	Ữ	B	T	Í	C	H	C	Ự	C	B
Ợ	C	H	G	I	Ị	L	T	C	C	L	L	N	G
N	P	C	M	Á	Y	P	H	Á	T	Đ	I	Ệ	N
G	L	M	T	P	Â	M	Á	I	L	G	H	I	Ạ
M	B	A	G	P	D	Q	A	C	B	D	N	Đ	M
Đ	È	N	Ệ	I	Đ	Ợ	H	T	D	O	Q	C	Ắ
H	R	C	O	Đ	I	Ệ	N	T	H	O	Ạ	I	C
Q	C	L	A	S	E	R	O	T	P	I	N	R	Ổ
B	I	Y	M	N	P	G	U	V	N	I	I	H	M

LƯU TRỮ
PIN
CÁP
DÂY
SỐ LƯỢNG
THỢ ĐIỆN
ĐIỆN
Ổ CẮM
THIẾT BỊ
MÁY PHÁT ĐIỆN
NAM CHÂM
ĐÈN
LASER
TIÊU CỰC
ĐỐI TƯỢNG
TÍCH CỰC
MẠNG
ĐIỆN THOẠI

37 - Salud y Bienestar #1

K	Í	C	H	T	H	Í	C	H	T	Ố	Đ	C	P
B	T	T	V	O	T	Ư	T	H	Ế	C	I	Ơ	Y
P	Á	H	H	Q	P	N	C	D	P	H	Ề	B	P
I	B	C	Ư	Ó	R	T	I	U	H	I	U	Ắ	C
C	O	D	S	G	I	Ó	Đ	N	Ả	Ề	T	P	V
Ố	D	C	O	Ĩ	I	Q	N	K	N	U	R	H	I
U	X	Ư	Ơ	N	G	Ã	U	B	X	C	Ị	O	K
H	C	Y	L	R	H	M	N	E	Ạ	A	D	Ạ	H
T	H	U	Ố	C	N	M	B	A	N	O	T	T	U
M	N	R	R	R	T	R	Ị	L	I	Ệ	U	Đ	Ẩ
Ệ	D	Â	Y	T	H	Ầ	N	K	I	N	H	Ộ	N
I	M	T	O	C	K	T	H	K	M	M	U	N	C
T	Ú	R	I	V	Q	O	C	Q	B	R	G	G	U
G	Ã	Y	X	Ư	Ơ	N	G	C	V	R	P	T	K

HOẠT ĐỘNG
CHIỀU CAO
VI KHUẨN
BÁC SĨ
TIỆM THUỐC
GÃY XƯƠNG
ĐÓI
THÓI QUEN
KÍCH THÍCH TỐ
XƯƠNG
THUỐC
CƠ BẮP
DÂY THẦN KINH
DA
TƯ THẾ
PHẢN XẠ
THƯ GIÃN
TRỊ LIỆU
ĐIỀU TRỊ
VI RÚT

38 - Adjetivos #2

N	D	I	G	P	Y	A	U	P	K	T	V	K	V
G	Ổ	T	I	G	U	O	N	M	N	A	T	G	T
C	C	I	T	L	N	H	T	U	Q	R	P	Y	Ự
O	B	R	D	H	L	Ị	M	Ạ	N	H	T	L	H
I	I	H	Y	A	C	V	I	H	H	Y	C	A	À
U	M	O	V	V	N	Ú	O	V	V	U	R	Ị	O
Ă	N	C	O	I	Y	H	N	Ạ	M	E	Ỏ	H	K
N	Ê	I	H	N	Ự	T	Ệ	M	K	H	Ô	L	P
Đ	N	C	Ỡ	M	U	À	M	Ớ	I	M	Ô	T	Ả
Ư	G	B	Ì	N	H	T	H	Ư	Ờ	N	G	M	U
Ợ	Ọ	S	Á	N	G	T	Ạ	O	N	P	B	Ặ	T
C	T	T	H	A	N	H	L	Ị	C	H	L	N	H
N	B	A	G	A	T	L	C	T	Ư	Ơ	I	N	V
G	P	A	G	A	I	T	A	L	I	A	U	H	U

MỆT
ĂN ĐƯỢC
SÁNG TẠO
MÔ TẢ
KỊCH
NGỌT
THANH LỊCH
NỔI DANH
TƯƠI
MẠNH

THÚ VỊ
TỰ NHIÊN
BÌNH THƯỜNG
MỚI
TỰ HÀO
CAY
MÀU MỠ
MẶN
KHỎE MẠNH
KHÔ

39 - Cuerpo Humano

H	K	Ó	C	T	M	T	G	K	H	G	P	D	Y
O	H	M	Á	U	I	A	V	M	H	M	C	C	R
C	U	A	U	O	Ệ	V	N	G	N	Q	V	A	L
H	Ỷ	T	D	A	N	Â	H	C	R	Y	K	A	Y
D	U	Đ	Đ	H	G	I	B	U	M	O	M	M	I
C	T	Đ	Ố	Ầ	D	R	C	Q	H	T	L	P	T
Ằ	A	Ầ	T	I	U	G	I	Y	Y	H	K	I	I
M	Y	U	A	Ỡ	M	N	G	Ó	N	T	A	Y	M
I	G	G	Y	Ư	B	Ặ	A	L	I	Ắ	U	U	R
K	R	Ố	P	L	Á	C	T	Ắ	M	M	T	H	B
K	A	I	Y	T	A	I	Ổ	D	G	N	U	B	Q
H	D	H	G	M	Q	Ũ	P	Q	Y	C	O	O	R
U	B	Q	N	P	Y	M	I	L	C	U	P	K	Q
O	Q	C	C	G	Y	U	D	A	Y	I	M	N	R

CẰM
MIỆNG
ĐẦU
ĐỐI MẶT
ÓC
KHUỶU TAY
TIM
CỔ
NGÓN TAY
VAI
LƯỠI
TAY
MŨI
MẮT
TAI
DA
CHÂN
ĐẦU GỐI
MÁU
MẮT CÁ

40 - Ciencia

G	P	H	N	U	D	Ữ	L	I	Ệ	U	L	B	T
Y	I	P	H	Ư	Ơ	N	G	P	H	Á	P	P	H
M	T	Ả	H	Ó	A	C	H	Ấ	T	G	L	D	I
N	H	P	T	Ạ	H	A	B	P	M	P	R	Q	Ê
H	Ự	C	Ọ	H	A	O	H	K	À	H	N	U	N
V	C	Ự	Ử	U	U	Ậ	H	Í	H	K	Ả	A	N
Ậ	T	L	T	N	I	Y	H	V	Y	K	S	N	H
T	Ế	G	N	R	U	D	Ế	Y	O	I	G	S	I
L	R	N	Â	I	C	D	H	T	B	P	N	Á	Ê
Ý	U	Ọ	H	Ó	A	T	H	Ạ	C	H	Á	T	N
B	G	R	P	M	C	Â	Y	P	L	R	O	L	H
H	D	T	Q	M	Ệ	I	H	G	N	Í	H	T	T
G	M	P	B	T	I	Ế	N	H	Ó	A	K	K	H
N	G	U	Y	Ê	N	T	Ử	D	R	I	D	K	D

NGUYÊN TỬ
NHÀ KHOA HỌC
KHÍ HẬU
DỮ LIỆU
TIẾN HÓA
THÍ NGHIỆM
VẬT LÝ
HÓA THẠCH
TRỌNG LỰC
THỰC TẾ
GIẢ THUYẾT
PHƯƠNG PHÁP
KHOÁNG SẢN
PHÂN TỬ
THIÊN NHIÊN
QUAN SÁT
HẠT
CÂY
HÓA CHẤT

41 - Restaurante #2

S	M	K	G	L	G	B	M	L	D	R	Q	V	O
N	A	N	Ư	Ớ	C	Ữ	D	P	L	U	D	D	B
A	N	L	V	R	I	A	C	A	M	K	O	I	H
N	Ụ	B	A	N	R	T	Y	Á	O	O	R	R	I
A	V	V	Ữ	D	C	Ố	G	C	I	Ố	U	M	A
I	C	R	M	A	G	I	L	A	O	T	Ế	O	B
G	Ụ	Q	I	T	T	A	A	Y	P	U	H	M	Ị
M	H	D	R	B	C	R	L	D	Đ	C	G	Ì	V
N	P	Ú	S	M	Y	T	Ư	U	Ồ	M	N	V	A
T	R	Á	I	C	Â	Y	Q	A	U	I	Ă	Q	I
M	Ó	N	K	H	A	I	V	Ị	Ố	C	B	I	G
V	B	Á	N	H	Y	R	T	K	N	O	G	N	T
C	Á	I	N	Ĩ	A	A	Y	L	G	N	Ứ	R	T
Q	U	U	K	Q	H	U	Q	P	H	H	L	H	U

NƯỚC
BỮA TRƯA
MÓN KHAI VỊ
ĐỒ UỐNG
PHỤC VỤ NAM
BỮA TỐI
CÁI THÌA
NGON
SALAD
GIA VỊ
TRÁI CÂY
BĂNG
TRỨNG
BÁNH
CÁ
MUỐI
GHẾ
SÚP
CÁI NĨA
RAU

42 - Profesiones #1

T	H	Ợ	M	A	Y	T	R	E	B	M	U	L	P
B	Á	C	S	Ĩ	T	H	Ú	Y	P	Á	T	Y	P
K	I	B	H	V	Ứ	Q	U	U	L	A	C	T	D
J	N	G	H	Ệ	S	Ĩ	P	I	A	N	O	S	G
T	E	O	H	B	I	V	V	D	N	Ê	L	N	Ĩ
H	D	W	R	A	Ạ	Y	I	L	B	I	Í	H	N
Ợ	V	P	E	A	Đ	L	I	Ư	B	V	N	À	G
S	N	T	Y	L	L	Ự	C	S	Ĩ	P	H	Đ	N
Ă	L	P	M	G	E	K	R	T	S	Ậ	C	Ị	H
N	T	T	A	Q	B	R	V	Ậ	Ệ	T	Ứ	A	Ạ
T	H	Ủ	Y	T	H	Ủ	K	U	H	N	U	C	C
N	G	Â	N	H	À	N	G	L	G	Ê	H	H	S
C	Ọ	H	A	O	H	K	À	H	N	I	Ỏ	Ấ	Ĩ
T	M	L	V	Ũ	C	Ô	N	G	T	B	A	T	O

LUẬT SƯ
NGHỆ SĨ
LỰC SĨ
VŨ CÔNG
NGÂN HÀNG
LÍNH CỨU HỎA
THỢ SĂN
NHÀ KHOA HỌC
BÁC SĨ
BIÊN TẬP VIÊN
ĐẠI SỨ
Y TÁ
PLUMBER
NHÀ ĐỊA CHẤT
JEWELER
THỦY THỦ
NHẠC SĨ
NGHỆ SĨ PIANO
THỢ MAY
BÁC SĨ THÚ Y

43 - Vehículos

A	X	K	L	D	B	V	P	Ạ	Đ	E	X	X	X
X	E	P	Ố	V	P	N	V	G	B	È	E	E	E
E	T	P	P	M	T	Ê	N	L	Ử	A	H	C	T
B	Ả	X	H	G	Á	I	D	R	Q	L	Ơ	Ứ	Ắ
U	I	R	E	À	A	Y	C	V	V	M	I	U	C
Ý	I	C	O	T	D	V	B	R	H	M	Đ	T	X
T	L	Y	I	O	A	G	A	A	O	V	Ộ	H	I
M	N	Y	O	É	K	Y	Á	M	Y	A	N	Ư	T
T	À	U	N	G	Ầ	M	G	V	U	N	G	Ơ	A
C	A	R	A	V	A	N	I	A	R	Ề	C	N	V
C	X	E	L	Ử	A	O	O	U	C	Y	Ơ	G	M
X	E	Đ	I	Ệ	N	N	G	Ầ	M	U	Q	N	N
M	I	K	O	Q	I	N	G	V	C	H	H	L	N
T	V	O	V	M	K	H	A	V	A	T	B	N	C

XE CỨU THƯƠNG
XE BUÝT
MÁY BAY
BÈ
THUYỀN
XE ĐẠP
XE TẢI
CARAVAN
XE HƠI
TÊN LỬA
PHÀ
VAN
XE ĐIỆN NGẦM
ĐỘNG CƠ
LỐP
XE TAY GA
TÀU NGẦM
XE TẮC XI
MÁY KÉO
XE LỬA

44 - Geometría

K	Í	C	H	T	H	Ư	Ớ	C	K	Đ	S	P	R
U	G	T	M	A	C	U	Q	U	Y	Ư	O	H	K
G	Q	M	G	K	Á	U	L	B	H	Ờ	N	Ư	G
P	M	T	U	H	I	L	Q	A	D	N	G	Ơ	H
C	Đ	Ư	Ờ	N	G	K	Í	N	H	G	S	N	Ọ
Ó	H	H	H	O	M	K	B	G	N	C	O	G	C
G	T	I	Ợ	N	A	A	A	T	Ì	O	N	T	T
N	Í	Y	Ề	P	T	Ặ	M	Ề	B	N	G	R	H
Ứ	N	L	L	U	L	P	U	A	G	G	K	Ì	U
X	H	N	M	T	C	Ý	N	G	N	U	S	N	Y
I	T	G	U	G	U	A	C	U	U	K	Ố	H	Ế
Ố	O	A	G	T	V	M	O	N	R	U	H	N	T
Đ	Á	N	D	P	I	Ệ	L	Ỷ	T	D	C	Ú	T
O	N	G	N	Ợ	Ư	L	I	Ố	H	K	L	D	C

CHIỀU CAO
GÓC
TÍNH TOÁN
ĐƯỜNG CONG
ĐƯỜNG KÍNH
KÍCH THƯỚC
PHƯƠNG TRÌNH
NGANG
HỢP LÝ
KHỐI LƯỢNG
TRUNG BÌNH
SỐ
SONG SONG
TỶ LỆ
KHÚC
ĐỐI XỨNG
BỀ MẶT
HỌC THUYẾT
TAM GIÁC

45 - Vacaciones #2

H	B	N	G	O	Ạ	I	Q	U	Ố	C	X	V	K
O	M	I	N	U	D	K	Y	G	V	U	E	U	V
B	Q	Y	Ể	Ế	A	B	M	T	K	V	T	K	H
Ễ	Q	C	I	N	Đ	V	C	P	T	T	Ắ	Y	D
L	Ề	U	B	Q	Q	M	I	A	O	Q	C	N	N
Y	Q	R	I	R	U	C	Ể	T	N	B	X	Ú	Ể
À	Y	G	Ã	H	Ộ	C	H	I	Ế	U	I	I	Y
G	H	G	B	T	L	H	K	Ạ	Đ	Q	H	O	U
N	R	O	G	N	H	N	Ì	R	T	H	N	À	H
G	I	Ả	I	T	R	Í	N	T	B	N	H	T	C
I	V	Đ	D	V	D	K	T	M	D	Ả	B	M	N
K	H	Á	C	H	S	Ạ	N	Ắ	D	O	N	H	Ậ
G	S	Â	N	B	A	Y	P	C	D	U	L	Đ	V
O	X	E	L	Ử	A	T	H	Ị	T	H	Ự	C	Ồ

SÂN BAY
CẮM TRẠI
LỀU
ĐIỂM ĐẾN
NGOẠI QUỐC
ẢNH
KHÁCH SẠN
ĐẢO
BẢN ĐỒ
BIỂN
NÚI
GIẢI TRÍ
HỘ CHIẾU
BÃI BIỂN
XE TẮC XI
VẬN CHUYỂN
XE LỬA
NGÀY LỄ
HÀNH TRÌNH
THỊ THỰC

46 - Baile

Y	C	V	C	Ơ	T	H	Ể	Y	A	D	D	C	Đ
K	N	A	U	Q	C	Ự	R	T	Q	B	V	H	Ố
M	B	U	I	I	P	B	H	M	Y	G	T	O	I
B	D	U	L	P	V	L	Y	Ả	H	N	M	R	T
A	N	V	Á	H	P	Ẻ	V	U	K	Ố	G	E	Á
B	Q	V	O	À	R	T	G	N	O	H	P	O	C
T	N	G	H	Ệ	T	H	U	Ậ	T	T	Ị	G	Ạ
M	Ể	Â	N	G	V	N	C	C	K	N	H	R	H
L	I	K	Ă	Ệ	I	R	Y	Q	R	Ề	N	A	N
P	Đ	T	V	B	I	G	Q	T	R	Y	L	P	M
D	Ổ	T	V	I	T	V	Q	Q	L	U	H	H	Â
H	C	Ú	X	M	Ả	C	C	D	D	R	A	Y	I
V	Ă	N	H	Ó	A	T	R	Ọ	R	T	U	N	B
M	B	N	O	Y	N	L	M	Ế	H	T	Ư	T	K

HỌC VIỆN
VUI VẺ
NGHỆ THUẬT
CỔ ĐIỂN
CHOREOGRAPHY
CƠ THỂ
VĂN HOÁ
VĂN HÓA
CẢM XÚC
ÂN
PHONG TRÀO
ÂM NHẠC
TƯ THẾ
NHỊP
NHẢY
ĐỐI TÁC
TRUYỀN THỐNG
TRỰC QUAN

47 - Matemáticas

U	G	M	B	U	L	P	G	Q	K	Y	K	R	Đ
Ầ	M	Ó	M	D	O	H	N	Í	K	N	Á	B	Ư
C	L	C	C	U	L	A	Ờ	S	Ố	H	Ọ	C	Ờ
Ó	Ọ	T	T	T	Q	G	Ư	N	Q	A	M	G	N
G	U	H	U	Ậ	Q	K	R	Q	Y	R	O	G	G
G	L	Ậ	H	H	Y	Ố	T	C	H	U	V	I	K
N	U	P	G	N	O	S	G	N	O	S	Đ	Â	Í
Ô	D	P	H	Ữ	Ì	G	N	M	K	G	Ố	M	N
U	C	H	I	H	V	H	Ả	M	M	U	I	L	H
V	M	Â	I	C	C	M	U	Ũ	A	T	X	Ư	K
Ố	S	N	Â	H	P	V	Q	P	U	D	Ứ	Ợ	Q
P	H	Ư	Ơ	N	G	T	R	Ì	N	H	N	N	M
U	P	R	R	Ì	Đ	A	G	I	Á	C	G	G	M
H	I	V	L	H	T	A	M	G	I	Á	C	O	H

SỐ HỌC
GÓC
QUẢNG TRƯỜNG
THẬP PHÂN
ĐƯỜNG KÍNH
PHƯƠNG TRÌNH
CẦU
MŨ
PHÂN SỐ
HÌNH HỌC
SỐ
SONG SONG
CHU VI
VUÔNG GÓC
ĐA GIÁC
BÁN KÍNH
HÌNH CHỮ NHẬT
ĐỐI XỨNG
TAM GIÁC
ÂM LƯỢNG

48 - Senderismo

M	T	M	T	I	N	L	H	B	H	S	U	Y	C
C	M	V	G	M	U	U	D	Ả	C	Ự	U	M	Ắ
Ớ	Ô	O	D	U	C	T	A	N	G	Đ	Q	Q	M
Ư	C	N	R	Ỗ	T	Y	H	Đ	P	Ị	A	R	T
N	H	Ê	G	I	P	I	A	Ồ	K	N	I	D	R
O	U	I	N	V	R	Q	D	K	H	H	K	D	Ạ
Q	Ẩ	H	Ặ	G	I	U	Ậ	H	Í	H	K	H	I
B	N	N	N	B	Ờ	Ê	G	Ư	V	Ư	H	O	N
V	B	N	A	N	R	C	N	Ớ	Á	Ớ	G	A	N
B	Ị	Ê	L	P	T	L	Ố	N	C	N	Y	N	K
A	A	I	B	T	T	Y	Y	G	H	G	D	G	O
V	Q	H	M	M	Ặ	R	À	D	Đ	C	N	D	I
Đ	N	T	R	Y	M	N	I	Ẫ	Á	C	A	Ã	V
Á	D	M	Ệ	T	Ậ	V	G	N	Ộ	Đ	N	Ú	I

VÁCH ĐÁ
NƯỚC
ĐỘNG VẬT
GIÀY ỐNG
CẮM TRẠI
MỆT
KHÍ HẬU
HƯỚNG DẪN
BẢN ĐỒ
NÚI
MUỗI
THIÊN NHIÊN
SỰ ĐỊNH HƯỚNG
CÔNG VIÊN
NẶNG
ĐÁ
CHUẨN BỊ
HOANG DÃ
MẶT TRỜI

49 - Naturaleza

V	Ẻ	Đ	Ẹ	P	R	H	A	D	U	C	T	H	Y
P	U	D	A	T	G	R	V	O	C	Ự	H	O	I
S	H	L	S	Ô	N	G	H	R	Ạ	C	Á	A	I
K	E	Á	D	C	O	N	B	Ò	M	C	N	N	Ớ
A	I	R	Y	U	H	Ừ	O	H	A	Ắ	H	G	Đ
Đ	U	M	E	O	V	R	V	N	S	B	N	D	T
Á	M	G	H	N	K	N	I	D	Ú	M	Ì	Ã	Ệ
M	Q	O	L	G	E	K	K	C	H	I	Q	N	I
M	C	A	B	S	Ư	Ơ	N	G	M	Ù	C	Ò	H
Â	N	Ă	N	G	Đ	Ộ	N	G	U	U	Y	M	N
Y	G	K	A	Đ	Ộ	N	G	V	Ậ	T	A	I	H
R	B	S	Ô	N	G	B	Ă	N	G	K	A	Ó	R
Q	U	A	N	T	R	Ọ	N	G	D	N	H	X	Y
M	C	K	M	A	R	C	C	U	U	D	U	R	A

ONG
ĐỘNG VẬT
BẮC CỰC
VẺ ĐẸP
RỪNG
SA MẠC
NĂNG ĐỘNG
XÓI MÒN
LÁ
SÔNG BĂNG
NÚI
SƯƠNG MÙ
ĐÁM MÂY
HÒA BÌNH
SÔNG
HOANG DÃ
THÁNH
SERENE
NHIỆT ĐỚI
QUAN TRỌNG

50 - Conduciendo

Y	G	D	Đ	L	N	N	Y	Y	N	M	N	C	Đ
C	U	I	N	Ư	D	U	T	Á	O	M	M	Ả	Ư
N	Y	G	A	H	Ờ	T	A	M	R	P	Ể	N	Ờ
D	C	U	R	O	I	N	X	E	T	Ả	I	H	N
Ồ	T	V	A	N	T	Ê	G	X	I	T	H	S	G
Đ	Ộ	N	G	C	Ơ	H	N	P	N	V	Y	Á	H
N	T	Ạ	A	A	A	O	Ô	L	H	T	U	T	Ầ
Ả	Ố	N	À	O	T	N	A	N	I	Ố	G	P	M
B	C	I	Đ	I	B	Ộ	N	I	G	Ệ	N	H	H
Y	Đ	A	G	I	Ấ	Y	P	H	É	P	U	A	I
N	Ộ	T	V	Ậ	N	C	H	U	Y	Ể	N	N	C
X	E	H	Ơ	I	P	Y	O	Q	Q	D	Í	H	K
N	D	B	M	U	P	P	P	L	A	U	N	D	T
M	N	B	C	C	G	O	D	A	O	Y	Q	B	K

TAI NẠN
ĐƯỜNG PHỐ
XE TẢI
XE HƠI
NHIÊN LIỆU
PHANH
GA-RA
KHÍ
GIẤY PHÉP
BẢN ĐỒ
XE MÁY
ĐỘNG CƠ
ĐI BỘ
NGUY HIỂM
CẢNH SÁT
AN TOÀN
VẬN CHUYỂN
GIAO THÔNG
ĐƯỜNG HẦM
TỐC ĐỘ

51 - Fuerza y Gravedad

D	K	T	Í	N	H	C	H	Ấ	T	C	C	N	K
Y	G	M	N	Q	Ý	C	B	P	H	Â	Ơ	Ă	H
O	K	H	G	C	L	C	A	B	G	N	K	N	O
T	D	H	N	I	T	H	N	À	H	N	H	G	Ả
S	A	C	Á	Q	Ậ	B	B	A	I	Ặ	Í	Đ	N
N	Ứ	L	G	M	V	P	H	Ổ	I	N	Q	Ộ	G
Q	V	C	K	G	P	M	G	C	Y	G	U	N	C
P	A	Y	É	P	C	H	B	Ư	U	H	Ỹ	G	Á
M	C	K	U	P	Ử	T	Á	Ờ	M	K	Đ	P	C
M	A	S	Á	T	Đ	Ừ	O	N	Ở	D	Ạ	K	H
Q	N	Q	K	L	Ộ	T	M	G	R	T	O	U	O
O	V	V	O	R	N	Í	B	Đ	Ộ	O	R	Q	U
T	Ố	C	Đ	Ộ	G	N	D	Ộ	N	R	M	Ụ	A
N	A	I	G	I	Ờ	H	T	Y	G	U	I	L	C

KHÁM PHÁ
NĂNG ĐỘNG
KHOẢNG CÁCH
TRỤC
MỞ RỘNG
VẬT LÝ
MA SÁT
TỪ TÍNH
CƯỜNG ĐỘ
CƠ KHÍ
CỬ ĐỘNG
QUỸ ĐẠO
CÂN NẶNG
HÀNH TINH
SỨC ÉP
TÍNH CHẤT
THỜI GIAN
PHỔ
TỐC ĐỘ

52 - Pájaros

T	T	H	N	L	D	Q	B	C	D	Q	D	C	K
Ị	R	D	H	K	T	Y	P	T	K	U	V	H	V
V	D	Ứ	N	H	Ệ	N	U	Â	H	U	Ề	I	D
B	Ò	C	N	P	V	C	O	N	Q	U	Ạ	M	R
A	D	H	T	G	N	À	B	I	Ạ	Đ	A	C	V
L	Q	I	U	P	O	G	N	Ô	N	Ồ	B	U	G
Ẻ	S	M	I	H	C	A	D	C	K	Q	B	P	I
T	B	B	A	R	U	O	G	N	I	M	A	L	F
O	A	Ồ	T	O	Ể	C	M	N	N	G	Ỗ	N	G
U	G	C	C	H	I	M	C	Á	N	H	C	Ụ	T
C	K	Â	C	Q	Đ	V	V	G	A	Ê	Ệ	P	Y
A	N	U	L	B	À	T	R	K	R	Q	I	Y	D
N	C	O	V	O	Đ	C	V	K	P	K	D	H	U
M	Ò	N	G	B	I	Ể	N	B	B	A	I	R	T

ĐÀ ĐIỂU
ĐẠI BÀNG
CÒ
THIÊN NGA
CHIM CU
CON QUẠ
FLAMINGO
NGỖNG
DIỆC
MÒNG BIỂN
CHIM SẺ
DIỀU HÂU
TRỨNG
CON VỊT
CHIM BỒ CÂU
VỊT
BỒ NÔNG
CHIM CÁNH CỤT
GÀ
TOUCAN

53 - Geografía

K	Ố	N	B	N	Ể	I	B	Q	I	P	T	K	V
H	H	P	G	Ú	Q	T	H	Ế	G	I	Ớ	I	Ĩ
Ư	P	U	A	I	G	C	Ố	U	Q	N	T	K	Đ
Ớ	H	Ầ	V	A	H	Đ	Ả	O	P	K	Ô	T	Ộ
N	N	C	K	Ự	A	T	L	A	S	I	L	S	P
G	À	N	V	M	C	Ắ	B	C	Y	N	Ã	M	V
T	H	Á	Đ	Ộ	C	A	O	Y	C	H	N	H	H
Â	T	B	T	G	G	Ị	V	R	A	T	H	D	K
Y	C	O	Q	B	H	Đ	T	R	Q	U	T	H	H
B	K	I	M	H	T	C	T	L	K	Y	H	P	G
R	Ả	M	K	V	T	Ụ	I	D	H	Ế	Ổ	B	K
T	Q	N	G	M	A	L	R	Y	P	N	C	N	K
M	V	Ộ	Đ	H	N	I	K	Y	D	U	B	O	T
T	Q	P	Q	Ồ	P	H	Í	A	N	A	M	U	T

ĐỘ CAO
ATLAS
THÀNH PHỐ
LỤC ĐỊA
BÁN CẦU
ĐẢO
VĨ ĐỘ
KINH ĐỘ
BẢN ĐỒ
BIỂN

KINH TUYẾN
NÚI
THẾ GIỚI
BẮC
HƯỚNG TÂY
QUỐC GIA
KHU VỰC
SÔNG
PHÍA NAM
LÃNH THỔ

54 - Música

Ứ	N	G	B	I	Ế	N	N	N	M	N	T	V	B
N	C	M	Q	O	N	G	H	G	Ơ	H	T	C	V
I	T	G	R	A	H	I	Ạ	V	T	Ị	D	O	R
G	H	I	Â	M	Ị	A	C	A	K	P	A	R	A
C	Y	V	L	N	P	I	S	G	G	N	G	B	M
Ú	O	H	Y	T	M	Đ	Ĩ	C	Ạ	H	N	M	Â
H	T	P	H	Á	T	I	C	K	Y	À	C	T	G
K	Ò	H	E	P	Ĩ	Ễ	K	G	D	N	N	T	I
P	K	A	K	R	S	U	D	C	O	G	Ể	I	Ọ
Ệ	Y	M	H	O	A	P	A	Ụ	I	R	I	Ế	N
I	M	I	H	Ợ	C	O	R	N	N	I	Đ	N	G
Đ	P	M	Y	K	P	A	L	D	Y	G	Ổ	Đ	H
M	I	C	R	O	P	H	O	N	E	Y	C	Ộ	Á
A	L	B	U	M	B	A	L	L	A	D	G	Ụ	T

HÒA HỢP
ALBUM
BALLAD
CA SĨ
HÁT
CỔ ĐIỂN
ĐIỆP KHÚC
GHI ÂM
ỨNG BIẾN
DỤNG CỤ
GIAI ĐIỆU
MICROPHONE
ÂM NHẠC
NHẠC SĨ
OPERA
THƠ
NHỊP
NHỊP NHÀNG
TIẾN ĐỘ
GIỌNG HÁT

55 - Actividades

B	Ứ	C	T	R	A	N	H	C	L	R	N	N	B
Q	Q	M	B	A	U	A	C	Ắ	À	D	N	Q	Y
Ố	H	À	I	L	Ò	N	G	M	M	T	H	M	P
O	Đ	I	T	G	R	A	N	T	V	T	I	V	C
Á	C	U	Â	C	N	Đ	H	R	Ư	Ậ	Q	D	N
Y	M	A	Â	V	T	Ã	A	Ạ	Ờ	U	O	Đ	B
N	T	R	Ò	C	H	Ơ	I	I	N	H	C	Ọ	Q
H	H	O	Ạ	T	Đ	Ộ	N	G	N	T	C	C	K
I	V	P	P	Ậ	V	N	Q	B	Ư	Ệ	K	O	Q
Ế	H	Y	M	U	G	N	Ô	C	Ủ	H	T	Ồ	Đ
P	A	K	B	H	K	Ỹ	N	Ă	N	G	T	R	D
Ả	U	H	Y	T	O	A	P	N	C	N	H	N	G
N	T	A	I	A	Q	G	I	Ả	I	T	R	Í	Q
H	P	U	V	M	M	S	Ă	N	B	Ắ	N	D	B

HOẠT ĐỘNG
NGHỆ THUẬT
ĐỒ THỦ CÔNG
CẮM TRẠI
SĂN BẮN
MAY
NHIẾP ẢNH
KỸ NĂNG
LÀM VƯỜN
TRÒ CHƠI
ĐỌC
MA THUẬT
GIẢI TRÍ
CÂU CÁ
BỨC TRANH
HÀI LÒNG
THƯ GIÃN
CÂU ĐỐ
ĐAN

56 - Verduras

D	Ư	Ạ	C	H	U	Ộ	T	D	A	L	A	S	N
B	K	U	U	B	R	Ậ	R	I	Ỏ	T	C	T	I
Ô	T	H	V	B	D	N	Đ	U	V	U	I	L	Ô
N	B	C	Ẹ	H	Ủ	C	D	M	D	M	Ả	S	B
G	U	À	C	Y	Q	A	Ầ	Ấ	C	D	C	R	Ô
C	L	C	B	G	I	A	C	N	T	R	Ủ	A	G
Ả	M	Ù	I	T	Â	Y	À	C	T	Y	C	U	N
I	L	C	V	D	V	R	T	À	L	Â	K	B	Í
X	G	Ừ	N	G	P	O	Í	R	T	T	Y	I	B
A	B	V	P	Q	Y	K	M	Ố	D	I	Q	N	Ả
N	C	L	G	V	B	V	T	T	U	A	K	A	U
H	H	À	N	H	B	Y	N	P	V	O	A	Y	Q
C	O	Q	N	Y	O	O	R	P	P	H	O	L	P
B	A	B	L	A	A	D	I	B	P	K	N	K	P

TỎI
ATISÔ
CẦN TÂY
CÀ TÍM
BÔNG CẢI XANH
QUẢ BÍ NGÔ
HÀNH
CỦ HẸ
SALAD
RAU BINA

ĐẬU
GỪNG
CỦ CẢI
Ô LIU
KHOAI TÂY
DƯA CHUỘT
MÙI TÂY
NẤM
CÀ CHUA
CÀ RỐT

57 - Instrumentos Musicales

Đ	I	T	G	A	C	I	M	C	C	D	S	R	B
R	À	Y	N	Õ	Đ	Ù	I	H	L	Ư	A	Q	Y
B	N	N	T	R	Ố	N	G	I	A	Ơ	X	L	I
B	L	I	V	I	V	G	V	Ê	R	N	O	A	H
H	C	L	L	I	P	C	G	N	I	G	P	Á	B
M	M	O	R	G	Ô	Ạ	I	G	N	C	H	Q	S
M	A	D	C	A	T	L	P	R	E	Ầ	O	R	Q
I	R	N	E	M	O	C	Ô	L	T	M	N	G	P
T	I	A	L	C	P	Ụ	G	N	L	Q	E	N	G
U	M	M	L	Ạ	H	L	C	R	G	B	A	S	S
H	B	D	O	H	D	À	N	N	H	Ạ	C	P	N
K	A	C	I	N	O	M	R	A	H	N	A	U	B
È	C	G	C	À	T	R	O	M	B	O	N	E	L
N	U	D	O	Đ	Đ	À	N	G	H	I	T	A	G

HARMONICA
ĐÀN HẠC
BASS
ĐÙI
CLARINET
DÀN NHẠC
SÁO
CHIÊNG
ĐÀN GHI TA
MANDOLIN

MARIMBA
LỤC LẠC
GÕ
DƯƠNG CẦM
SAXOPHONE
TRỐNG
TROMBONE
KÈN
ĐÀN VI Ô LÔNG
CELLO

58 - Formas

U	C	K	Ụ	R	T	H	N	Ì	H	V	B	V	H
I	Y	C	O	N	G	U	C	G	Y	Ò	Q	Ê	I
H	R	N	H	T	A	K	T	Y	P	N	U	I	N
Ì	V	Đ	A	G	I	Á	C	R	E	G	Ả	K	Ò
N	Ó	N	L	G	G	D	Y	Q	R	O	N	P	R
H	E	L	L	I	P	S	E	T	B	T	G	U	T
C	Á	I	G	M	A	T	D	I	O	O	T	U	G
H	H	N	D	C	Ầ	U	B	N	L	U	R	M	N
Ữ	G	Ó	C	C	Ạ	N	H	P	A	A	Ư	O	Ò
N	K	I	M	T	Ự	T	H	Á	P	Q	Ờ	L	V
H	N	Đ	Ư	Ờ	N	G	C	O	N	G	N	U	C
Ậ	R	M	O	H	V	N	N	Y	G	O	G	A	R
T	C	U	G	R	C	Ă	C	À	V	G	B	D	Y
T	B	L	Y	G	Y	L	M	M	H	R	L	Y	C

CUNG
CẠNH
HÌNH TRỤ
VÒNG TRÒN
NÓN
QUẢNG TRƯỜNG
ĐƯỜNG CONG
ELLIPSE
CẦU
GÓC
HYPERBOLA
BÊN
HÀNG
KIM TỰ THÁP
ĐA GIÁC
LĂNG
HÌNH CHỮ NHẬT
VÒNG
TAM GIÁC

59 - Flores

H	K	G	N	Ơ	Ư	H	I	Ả	O	A	O	H	T
O	I	H	A	I	L	O	N	G	A	M	M	U	Ử
A	D	Ư	I	R	Q	Y	R	O	B	Q	B	P	Đ
L	Q	Ớ	R	R	D	K	C	P	G	T	N	C	I
O	H	N	E	T	O	E	C	Ỏ	B	A	L	Á	N
A	O	G	M	D	C	A	N	P	R	I	B	H	H
K	A	D	U	P	Â	Y	S	I	A	D	Ó	O	H
È	M	Ư	L	A	O	M	K	P	A	R	H	A	Ư
N	Ẫ	Ơ	P	M	G	P	B	V	U	G	O	H	Ơ
O	U	N	P	Q	O	O	P	Ụ	O	L	A	Ồ	N
R	Đ	G	V	I	A	P	R	Y	T	B	O	N	G
M	Ơ	P	H	O	N	G	L	A	N	P	N	G	M
E	N	I	M	S	A	J	C	Á	N	H	H	O	A
G	C	Y	T	B	Ồ	C	Ô	N	G	A	N	H	U

POPPY
BỒ CÔNG ANH
GARDENIA
HƯỚNG DƯƠNG
DÂM BỤT
JASMINE
HOA OẢI HƯƠNG
TỬ ĐINH HƯƠNG
HOA LOA KÈN
MAGNOLIA
DAISY
PHONG LAN
HOA MẪU ĐƠN
CÁNH HOA
PLUMERIA
BÓ HOA
HOA HỒNG
CỎ BA LÁ

60 - Astronomía

O	T	C	C	C	B	H	Đ	T	Ê	N	L	Ử	A
K	L	M	Q	Ự	I	T	À	K	N	L	L	P	T
Ụ	D	P	M	L	I	O	I	O	D	T	A	H	H
R	Q	K	I	G	Ổ	C	Q	U	O	B	R	Â	I
T	H	I	Ê	N	H	À	U	T	R	A	T	N	Ê
Ũ	N	H	M	Ọ	C	O	A	S	M	Ò	H	C	N
V	I	À	U	R	O	L	N	Q	B	N	B	T	S
Q	T	N	P	T	A	B	S	V	H	A	Ầ	I	A
Y	Ệ	H	N	H	S	V	Á	R	Y	Q	U	N	O
C	V	T	H	K	C	N	T	V	N	T	T	H	B
G	C	I	M	Ặ	T	T	R	Ă	N	G	R	V	Ă
O	H	N	B	Ứ	C	X	Ạ	O	R	K	Ờ	Â	N
C	Ự	H	T	T	Ậ	H	N	M	N	G	I	N	G
M	R	P	H	I	H	À	N	H	G	I	A	Y	A

PHI HÀNH GIA
THIÊN
BẦU TRỜI
TÊN LỬA
SAO CHỔI
CHÒM SAO
VŨ TRỤ
NHẬT THỰC
PHÂN
THIÊN HÀ
TRỌNG LỰC
MẶT TRĂNG
SAO BĂNG
TINH VÂN
ĐÀI QUAN SÁT
HÀNH TINH
BỨC XẠ
VỆ TINH

61 - Tiempo

B	G	U	C	T	B	U	Ổ	I	S	Á	N	G	T
N	Â	T	G	U	P	R	U	D	T	M	R	L	R
G	B	Y	T	Ầ	H	T	G	M	H	H	O	T	Ư
A	R	A	G	N	Ú	G	I	Q	Ế	M	M	L	Ớ
Y	O	G	U	I	T	T	Ờ	I	K	H	Q	V	C
U	C	A	P	N	Ờ	Ư	U	G	Ỷ	Q	Q	B	K
T	H	Ậ	P	K	Ỷ	Ơ	C	H	Ố	C	L	Á	T
H	V	B	H	O	V	N	H	À	N	G	N	Ă	M
A	G	T	A	D	H	G	N	A	P	B	L	H	Ă
Đ	L	B	H	T	A	L	N	G	À	Y	Ị	Ô	N
G	Ê	N	D	Á	Y	A	N	M	Ô	H	C	M	U
V	O	M	N	G	N	I	Y	C	N	A	H	Q	G
Đ	Ồ	N	G	H	Ồ	G	C	A	C	H	N	U	O
T	Y	V	B	U	Ổ	I	T	R	Ư	A	A	A	T

BÂY GIỜ
TRƯỚC
HÀNG NĂM
NĂM
HÔM QUA
LỊCH
THẬP KỶ
NGÀY
TƯƠNG LAI
GIỜ
HÔM NAY
BUỔI SÁNG
BUỔI TRƯA
THÁNG
PHÚT
CHỐC LÁT
ĐÊM
ĐỒNG HỒ
TUẦN
THẾ KỶ

62 - Paisajes

B	Ã	I	B	I	Ể	N	N	Ú	I	Đ	O	O	S
G	Ồ	L	B	I	C	U	H	T	V	C	Ả	P	Ô
T	H	Á	C	N	Ư	Ớ	C	H	Á	P	Đ	O	N
L	N	U	H	Ạ	V	H	B	U	Đ	C	N	Ả	G
Ã	T	Y	Ầ	L	M	Ầ	Đ	N	H	P	Á	Đ	N
N	Ể	I	B	C	Ầ	A	Y	G	C	A	B	C	Ô
H	N	Ị	V	V	Đ	D	S	L	Á	Ử	N	Ố	S
N	K	K	U	B	O	V	I	Ũ	V	L	C	G	A
G	O	Q	H	M	Q	O	P	N	V	I	M	A	Ử
U	D	Q	P	I	O	D	Y	G	V	Ú	D	P	C
Y	S	Ô	N	G	B	Ă	N	G	H	N	B	D	C
Ê	O	Q	Y	D	Q	M	U	B	I	V	O	V	Q
N	G	H	L	R	K	U	I	N	V	P	H	R	A
A	I	A	U	G	R	N	B	C	Q	T	O	L	Q

VÁCH ĐÁ
THÁC NƯỚC
HANG
SA MẠC
CỬA SÔNG
SÔNG BĂNG
VỊNH
ĐẢO
HỒ
ĐẦM

BIỂN
NÚI
ỐC ĐẢO
ĐẦM LẦY
BÁN ĐẢO
BÃI BIỂN
SÔNG
LÃNH NGUYÊN
THUNG LŨNG
NÚI LỬA

63 - Días y Meses

T	T	Ộ	M	G	N	Á	H	T	M	B	P	U	P
T	H	H	Q	U	U	Q	V	H	H	T	A	T	Q
M	D	Á	Ứ	Q	Y	U	Á	S	Ứ	H	T	B	V
R	V	T	N	N	L	I	I	I	Y	Á	A	Y	G
C	P	I	A	G	Ă	T	B	9	G	N	Á	H	T
T	V	A	D	N	B	M	I	G	Y	G	Ầ	G	M
H	L	I	V	Á	Y	Ả	B	Ứ	H	T	N	U	T
Ứ	R	G	H	H	D	M	Y	G	R	Ư	G	Á	T
H	B	U	T	T	L	Ị	C	H	N	L	N	S	Ậ
A	B	Ứ	H	T	B	D	B	Y	Ă	B	N	G	H
I	Ờ	Ư	M	G	N	Á	H	T	M	N	G	N	N
T	H	Á	N	G	1	2	N	H	M	O	À	Á	Ủ
Q	T	N	B	P	C	T	H	Ứ	T	Ư	Y	H	H
T	H	Á	N	G	H	A	I	D	Q	P	D	T	C

THÁNG TƯ
NGÀY
NĂM
LỊCH
THÁNG 12
CHỦ NHẬT
THÁNG MỘT
THÁNG HAI
THỨ NĂM
THÁNG BẢY
THÁNG SÁU
THỨ HAI
THỨ BA
THÁNG
THỨ TƯ
THÁNG MƯỜI
THỨ BẢY
TUẦN
THÁNG 9
THỨ SÁU

64 - Jardinería

Y	Q	B	K	N	O	P	A	Á	L	G	P	Đ	L
Ă	P	D	Y	Y	H	I	M	I	T	O	U	Ấ	Y
B	N	Ẩ	B	I	Ụ	B	K	Ỳ	L	Ạ	À	T	D
Ó	Â	Đ	B	Ì	N	H	M	V	G	D	M	I	B
H	H	L	Ư	I	H	N	A	K	H	Í	H	Ậ	U
O	P	T	G	Ợ	Q	Ư	M	O	P	H	Y	I	A
A	O	H	Q	P	C	Ớ	A	V	O	Ạ	A	G	T
Ù	K	Q	T	Ậ	V	C	Ự	H	T	T	P	D	V
M	Đ	V	Ò	I	H	N	M	Y	Y	G	M	U	O
U	I	Ộ	V	O	L	B	Y	L	R	I	K	U	B
B	Q	Y	Ẩ	K	H	T	Y	O	V	Ố	N	I	N
H	K	G	A	M	Q	T	Y	V	P	N	B	R	R
N	K	I	T	T	H	Ẻ	C	I	T	G	K	M	O
P	H	C	A	Y	A	R	I	K	R	Q	I	O	T

NƯỚC
THỰC VẬT
KHÍ HẬU
ĂN ĐƯỢC
PHÂN
BÌNH
LOÀI
MÙA
KỲ LẠ

HOA
LÁ
THẺ
ĐỘ ẨM
VÒI
BÓ HOA
HẠT GIỐNG
BỤI BẨN
ĐẤT

65 - Chocolate

Y	G	Q	L	C	V	C	A	C	A	O	L	A	C
C	P	P	H	H	Ị	H	Ư	Ơ	N	G	V	Ị	C
M	B	Ộ	T	Ấ	Q	Q	C	K	Ỳ	L	Ạ	C	T
H	P	U	H	T	Ọ	G	N	T	L	Q	I	C	T
K	D	D	Y	L	T	H	À	N	H	P	H	Ầ	N
C	D	Ừ	P	Ư	L	Đ	R	Y	H	N	I	A	M
C	Ô	A	H	Ợ	U	Ắ	I	C	C	H	V	O	O
P	A	N	G	N	D	N	B	C	Í	G	V	H	M
C	Y	R	G	G	D	G	N	Ộ	H	P	U	Ậ	Đ
L	U	A	A	T	T	Q	O	C	T	R	L	V	O
T	H	Ơ	M	M	H	O	G	P	U	C	L	A	Q
U	A	L	R	R	E	Ứ	N	N	Ê	G	G	Q	N
I	Đ	Ư	Ờ	N	G	L	C	V	Y	O	M	V	Y
K	H	A	N	T	I	O	X	I	D	A	N	T	B

ĐẮNG
ANTIOXIDANT
THƠM
ĐƯỜNG
ĐẬU PHỘNG
CACAO
CHẤT LƯỢNG
CALO
CARAMEL
DỪA
NGON
NGỌT
KỲ LẠ
YÊU THÍCH
VỊ
THÀNH PHẦN
BỘT
CÔNG THỨC
HƯƠNG VỊ

66 - Barbacoas

H	T	T	R	G	Â	C	O	T	N	Y	N	I	M
M	G	C	R	M	A	M	T	Q	Y	Ư	C	U	U
U	B	À	D	Ẻ	N	P	N	G	T	H	Ớ	N	Ố
N	Ữ	C	V	U	E	I	È	H	A	Ù	M	N	I
Ư	A	H	L	Ê	O	M	I	R	Ạ	Đ	Ó	I	G
Ớ	T	U	G	I	A	Đ	Ì	N	H	C	G	S	N
C	Ố	A	T	T	D	N	K	U	N	N	À	A	Ó
X	I	Ư	R	T	Q	H	Q	Q	À	R	U	L	N
Ố	Ơ	R	Á	B	D	B	C	P	H	K	U	A	R
T	H	T	I	Q	P	R	B	O	D	P	C	D	N
T	C	A	C	G	P	K	I	K	Q	Q	O	S	A
C	Ò	Ữ	Â	Q	P	Y	G	U	U	M	L	T	I
R	R	B	Y	B	M	T	I	D	O	L	T	D	L
Y	T	Y	A	A	T	K	Y	H	D	A	L	K	U

BỮA TRƯA
NÓNG
HÀNH
BỮA TỐI
DAO
SALADS
GIA ĐÌNH
TRÁI CÂY
ĐÓI
TRÒ CHƠI

ÂM NHẠC
TRẺ EM
NƯỚNG
TIÊU
GÀ
MUỐI
NƯỚC XỐT
CÀ CHUA
MÙA HÈ
RAU

67 - Ropa

T	U	Á	H	D	Ề	D	P	Ạ	T	I	G	K	T
H	A	O	R	K	G	T	É	A	I	B	H	U	R
Ờ	I	S	N	I	M	P	D	N	J	A	N	L	A
I	M	Ơ	O	M	G	H	H	Y	P	A	Y	T	N
T	Ũ	M	V	P	N	M	K	Y	M	Q	M	C	G
R	V	I	Ò	R	Ư	Q	O	V	G	A	U	A	S
A	Q	Ớ	N	E	L	O	Á	Q	Ò	R	I	Q	Ứ
N	U	Y	G	Q	T	B	V	Á	Y	N	Q	K	C
G	Ầ	B	T	P	Ắ	T	O	T	T	A	G	M	U
M	N	G	A	C	H	A	Ă	N	L	O	U	C	A
K	O	K	Y	N	T	Á	O	C	Á	N	H	B	Ổ
Á	O	K	H	O	Á	C	Y	A	D	T	Y	V	H
K	H	Ă	N	Q	U	À	N	G	C	Ổ	H	P	G
N	R	G	Ă	N	G	T	A	Y	À	I	G	V	V

ÁO CÁNH
KHĂN QUÀNG CỔ
VỚ
ÁO SƠ MI
ÁO KHOÁC
THẮT LƯNG
VÒNG CỔ
TẠP DỀ
VÁY
GĂNG TAY
TRANG SỨC
THỜI TRANG
QUẦN
PAJAMA
VÒNG TAY
DÉP
MŨ
ÁO LEN
ĂN
GIÀY

68 - Meditación

I	L	Y	B	C	Ú	X	M	Ả	C	B	Q	I	Y
D	B	I	N	Ẫ	H	T	M	Â	T	V	A	M	R
R	Õ	R	À	N	G	Ú	C	L	U	O	D	L	D
O	L	L	C	O	L	C	Ý	Ò	K	I	T	Ặ	K
U	V	Ò	K	C	M	Ạ	P	N	T	Ạ	Á	N	H
A	P	N	C	H	H	H	O	G	A	H	S	G	M
K	P	G	T	Ấ	Ò	N	V	B	O	G	N	Ặ	L
H	B	T	Ư	P	A	M	Ể	I	Đ	N	A	U	Q
L	P	Ố	T	N	B	Â	G	Ế	C	Ơ	U	R	G
Y	Í	T	H	H	Ì	B	O	T	T	Ư	Q	A	L
R	H	T	Ế	Ậ	N	I	G	Ơ	T	H	T	H	Ở
M	I	I	R	N	H	A	C	N	U	T	H	U	H
I	G	R	G	Í	P	H	O	N	G	T	R	À	O
S	U	Y	N	G	H	Ĩ	N	H	G	O	Y	V	G

CHẤP NHẬN
CHÚ Ý
LÒNG TỐT
LẶNG
RÕ RÀNG
THƯƠNG HẠI
CẢM XÚC
LÒNG BIẾT ƠN
TÂM THẦN
LÍ TRÍ

PHONG TRÀO
ÂM NHẠC
QUAN SÁT
HÒA BÌNH
SUY NGHĨ
QUAN ĐIỂM
TƯ THẾ
THỞ
IM LẶNG

69 - Café

N	L	T	M	G	D	P	P	Đ	A	P	Y	L	R
R	K	A	K	H	Á	K	E	M	Ồ	O	O	D	H
C	L	U	I	O	I	G	K	N	G	U	C	N	I
M	Y	H	L	O	G	Ố	C	Ớ	Ư	N	Ố	G	Ị
S	Ữ	A	G	E	N	I	E	F	F	A	C	N	V
B	K	Y	X	B	A	Đ	Ắ	N	G	C	L	Ỏ	G
U	M	B	O	Q	R	D	G	E	N	M	P	L	N
Ổ	Y	N	K	L	N	R	I	Đ	Ố	M	A	T	Ơ
I	D	B	V	R	V	V	B	N	U	H	Ơ	Ấ	Ư
S	M	A	D	G	U	B	Ộ	L	Ọ	C	T	H	H
Á	M	I	M	Y	Q	K	K	C	H	T	M	C	T
N	C	H	Q	L	P	C	V	I	D	G	T	Y	O
G	N	Ờ	Ư	Đ	B	Q	P	Q	I	R	V	V	R
H	T	G	P	K	K	C	G	R	U	G	G	M	L

NƯỚC
ĐẮNG
THƠM
RANG
ĐƯỜNG
UỐNG
ĐỒ UỐNG
CAFFEINE
KEM
BỘ LỌC
SỮA
CHẤT LỎNG
BUỔI SÁNG
XAY
ĐEN
GỐC
GIÁ
HƯƠNG VỊ
CỐC

70 - Libros

G	V	G	U	Q	C	Ọ	H	N	Ă	V	T	O	O
Ơ	B	K	A	T	P	R	U	C	G	N	A	R	T
H	N	Ả	C	I	Ố	B	Y	Ọ	A	Â	R	Y	Á
T	Ế	I	V	V	N	D	C	Đ	Q	A	M	M	C
I	I	H	O	R	M	K	N	I	R	R	R	P	G
À	À	Ể	À	G	N	B	K	Ờ	V	U	P	R	I
B	D	S	U	I	B	Ộ	S	Ư	U	T	Ậ	P	Ả
V	O	Á	K	T	H	V	A	G	K	L	Q	L	B
V	É	N	Q	Ạ	H	Ư	N	N	Q	Ị	O	I	I
M	K	G	G	O	B	U	Ớ	V	O	C	T	Ừ	K
L	D	T	N	L	C	R	Y	C	Ơ	H	T	B	Ị
K	U	Ạ	M	B	O	Y	M	Ế	O	S	C	R	C
L	I	O	N	U	U	R	B	P	T	Ử	G	G	H
C	Ó	L	I	Ê	N	Q	U	A	N	I	C	R	P

TÁC GIẢ
BỘ SƯU TẬP
BỐI CẢNH
KÉO DÀI
VIẾT
LỊCH SỬ
HÀI HƯỚC
NGÂM
SÁNG TẠO
NGƯỜI ĐỌC
VĂN HỌC
TIỂU THUYẾT
TỪ
TRANG
CÓ LIÊN QUAN
BÀI THƠ
THƠ
LOẠT
BI KỊCH

71 - Los Medios de Comunicación

K	I	N	H	P	H	Í	T	Ạ	P	C	H	Í	G
C	Ô	N	G	N	G	H	I	Ệ	P	R	C	M	P
C	Đ	À	I	O	Q	Ả	C	I	R	M	I	O	G
H	G	P	T	I	C	C	N	Â	H	N	Á	C	N
G	N	Ạ	M	Ạ	T	D	K	H	I	C	T	Q	Ộ
T	Ơ	Ộ	V	M	V	R	L	I	Ê	N	L	Ạ	C
N	Ư	Đ	I	G	A	K	Ự	Ý	K	I	Ế	N	G
P	H	I	Ê	N	B	Ả	N	C	B	V	U	O	N
Q	P	Á	N	Ơ	U	B	Q	B	T	Á	P	C	Ô
B	A	H	H	Ư	K	V	U	P	Ậ	U	O	V	C
I	Ị	T	H	H	Q	T	A	A	H	T	Y	N	R
B	Đ	L	I	T	D	A	V	P	T	D	P	Ế	H
G	I	Á	O	D	Ụ	C	O	L	Ự	U	V	C	N
T	R	Í	T	U	Ệ	O	V	T	S	V	T	I	K

THÁI ĐỘ
THƯƠNG MẠI
LIÊN LẠC
PHIÊN BẢN
GIÁO DỤC
TRỰC TUYẾN
KINH PHÍ
ẢNH
SỰ THẬT
CÁ NHÂN
CÔNG NGHIỆP
TRÍ TUỆ
ĐỊA PHƯƠNG
Ý KIẾN
BÁO
CÔNG CỘNG
ĐÀI
MẠNG
TẠP CHÍ

72 - Nutrición

P	B	U	V	A	C	T	C	I	T	Đ	N	C	K
R	Y	T	B	U	Â	H	H	M	I	Ộ	Ư	Ă	C
O	I	P	U	N	N	Ó	Ấ	I	Ê	C	Ớ	N	A
T	K	B	Q	Q	B	I	T	Q	U	T	C	K	R
E	H	H	I	N	Ằ	Q	L	Ị	H	Ố	X	I	B
I	D	N	Ở	T	N	U	Ư	V	Ó	Q	Ố	Ê	O
N	I	D	G	E	G	E	Ợ	G	A	A	T	N	H
C	L	P	N	Ũ	M	N	N	N	O	Q	R	G	Y
L	Â	G	Ắ	B	C	Ạ	G	Ơ	L	V	H	O	D
C	T	N	Đ	H	B	Ố	N	Ư	T	G	O	Q	R
A	D	M	N	U	Q	U	C	H	U	B	T	I	A
L	H	M	M	Ặ	O	S	Ứ	C	K	H	Ỏ	E	T
O	N	C	O	L	N	Ă	N	Đ	Ư	Ợ	C	C	E
L	Ê	N	M	E	N	G	I	I	P	N	G	O	N

ĐẮNG
NGON
CHẤT LƯỢNG
CALO
CARBOHYDRATE
NGŨ CỐC
ĂN ĐƯỢC
ĂN KIÊNG
TIÊU HÓA
CÂN BẰNG
LÊN MEN
THÓI QUEN
CÂN NẶNG
PROTEIN
HƯƠNG VỊ
NƯỚC XỐT
SỨC KHỎE
KHỎE MẠNH
ĐỘC TỐ

73 - Edificios

H	A	N	N	Ô	N	G	T	R	Ạ	I	I	Y	Y
G	B	K	Ý	T	Ú	C	X	Á	U	D	I	I	C
Đ	À	I	Q	U	A	N	S	Á	T	V	U	A	M
R	N	Q	P	S	Q	V	T	P	A	R	A	G	P
C	Ạ	M	L	G	Â	A	V	M	Ự	N	H	À	G
A	S	P	Ộ	R	R	N	Ệ	I	V	H	N	Ệ	B
B	H	Á	H	L	V	Q	V	D	T	U	A	L	N
I	C	H	N	Á	Â	C	C	Ậ	R	Q	D	L	H
N	Á	T	Ă	R	T	U	I	P	N	U	R	M	À
V	H	D	C	K	Y	Y	Đ	C	T	Đ	G	B	M
R	K	Đ	Ạ	I	H	Ọ	C	À	O	G	Ộ	K	Á
T	R	Ư	Ờ	N	G	H	Ọ	C	I	H	O	N	Y
Đ	Ạ	I	S	Ứ	Q	U	Á	N	L	L	D	B	G
S	I	Ê	U	T	H	Ị	B	Ả	O	T	À	N	G

KÝ TÚC XÁ
CĂN HỘ
CABIN
NHÀ
LÂU ĐÀI
ĐẠI SỨ QUÁN
TRƯỜNG HỌC
SÂN VẬN ĐỘNG
NHÀ MÁY
GA-RA
VỰA
NÔNG TRẠI
BỆNH VIỆN
KHÁCH SẠN
BẢO TÀNG
ĐÀI QUAN SÁT
SIÊU THỊ
RẠP HÁT
THÁP
ĐẠI HỌC

74 - Océano

H	K	O	H	N	R	C	K	O	R	I	G	B	B
D	G	B	B	I	I	T	B	P	N	P	G	Ã	Ạ
U	M	R	G	D	G	V	A	I	D	A	U	O	C
D	C	C	L	Ư	Ơ	N	N	P	D	M	Ô	T	H
H	V	U	D	C	N	C	A	L	Ậ	O	Y	Á	T
K	N	A	C	Á	N	G	Ừ	O	P	M	C	P	U
C	Á	H	E	O	T	R	Ả	L	Ạ	I	Á	R	Ộ
A	L	P	I	A	Ả	H	B	O	B	Ố	V	C	C
A	Ô	D	V	C	Á	T	D	Ọ	Q	U	O	H	I
T	H	Ủ	Y	T	R	I	Ề	U	T	M	I	À	T
Y	N	T	G	R	B	G	I	V	H	B	C	U	K
B	A	Ù	R	T	A	D	I	D	V	R	I	Q	Y
P	S	T	H	U	Y	Ề	N	P	R	B	Q	Ể	Y
Y	K	U	K	P	G	Q	H	S	Ứ	A	R	Y	N

TẢO
LƯƠN
TRẢ LẠI
CÁ NGỪ
CÁ VOI
THUYỀN
TÔM
CUA
SAN HÔ
CÁ HEO
BỌT BIỂN
THỦY TRIỀU
SỨA
HÀU
CÁ
BẠCH TUỘC
MUỐI
CÁ MẬP
BÃO TÁP
RÙA

75 - Actividades y Ocio

M	U	A	S	Ắ	M	D	B	Y	C	T	L	N	O
I	Q	T	Ợ	V	N	Ầ	U	Q	Q	Y	Ư	P	P
B	Ơ	I	L	Ộ	I	I	C	L	V	À	Ớ	Y	V
I	Q	R	B	Ó	N	G	R	Ổ	Ị	H	T	U	H
K	N	U	T	C	D	O	M	D	Á	C	U	Â	C
B	Ó	N	G	C	H	U	Y	Ề	N	G	H	Q	Í
C	N	G	H	Ệ	T	H	U	Ậ	T	N	N	U	H
N	Ắ	T	H	Ư	G	I	Ã	N	A	Ó	A	Y	T
M	P	M	L	À	M	V	Ư	Ờ	N	B	R	Ề	Ở
H	B	G	T	L	Y	T	B	K	A	V	T	N	S
C	C	G	Y	R	Ặ	C	O	U	Y	I	C	A	B
G	O	L	F	K	Ạ	N	B	K	K	M	Ứ	N	N
B	Ó	N	G	Đ	Á	I	P	I	Q	O	B	H	G
D	O	U	V	C	Y	B	B	M	C	Y	D	Y	Y

SỞ THÍCH
NGHỆ THUẬT
BÓNG RỔ
BÓNG CHÀY
QUYỀN ANH
LẶN
CẮM TRẠI
MUA SẮM
BÓNG ĐÁ
GOLF

LÀM VƯỜN
BƠI LỘI
CÂU CÁ
BỨC TRANH
THƯ GIÃN
LƯỚT
QUẦN VỢT
DU LỊCH
BÓNG CHUYỀN

76 - Ingeniería

P	C	M	P	G	V	N	I	P	Y	A	D	C	H
H	Y	P	G	N	Ự	D	Y	Â	X	Q	M	Q	C
Â	B	H	N	Ợ	H	D	Ẩ	V	V	A	L	H	B
N	G	M	R	Ư	I	G	B	S	Ơ	Đ	Ồ	L	A
P	M	Á	Y	L	H	O	N	K	Ế	T	C	Ấ	U
H	V	K	Ẩ	G	N	D	Ò	Ỏ	Y	B	H	O	G
Ố	H	Y	Đ	N	Í	Q	Đ	Đ	L	D	I	T	Ó
I	I	A	P	Ă	K	B	V	Ộ	E	T	C	Í	C
T	C	V	C	N	G	Q	R	N	S	Á	Ấ	N	A
S	Ứ	C	M	Ạ	N	H	Đ	G	E	S	A	H	G
V	R	Y	V	G	Ờ	H	Ộ	C	I	A	P	T	C
D	K	K	D	M	Ư	N	S	Ơ	D	M	Q	O	D
B	L	H	G	V	Đ	P	Â	M	L	D	N	Á	Đ
T	R	Ụ	C	U	U	I	U	H	N	Ị	Đ	N	Ổ

GÓC
TÍNH TOÁN
XÂY DỰNG
SƠ ĐỒ
ĐƯỜNG KÍNH
DIESEL
PHÂN PHỐI
TRỤC
NĂNG LƯỢNG
ỔN ĐỊNH
KẾT CẤU
MA SÁT
SỨC MẠNH
CHẤT LỎNG
MÁY
ĐO
ĐỘNG CƠ
ĐÒN BẨY
ĐỘ SÂU
ĐẨY

77 - Comida #1

H	G	T	Ố	R	À	C	B	C	C	R	Y	Q	D
Ú	N	H	H	T	Ỏ	I	M	N	C	Á	P	Y	A
N	R	Ị	B	D	U	I	B	Q	G	V	N	B	K
G	L	T	K	O	R	D	I	I	H	L	Ê	G	L
Q	C	U	D	C	L	T	D	A	L	A	S	À	Ừ
U	L	H	P	O	T	H	H	N	H	À	N	H	D
Ế	Ú	N	A	G	M	U	Ố	I	Ả	C	Ủ	C	Â
U	A	D	Ữ	N	D	P	Y	B	B	Y	B	Ạ	U
Q	M	Y	S	Ờ	H	V	G	U	I	B	B	B	T
I	Ạ	C	G	Ư	S	T	L	A	V	D	P	P	Â
G	C	C	V	Đ	R	Ú	O	R	I	U	V	P	Y
N	H	U	K	B	Y	V	P	É	C	Ớ	Ư	N	N
B	P	B	U	R	I	O	O	V	G	P	V	Q	K
I	G	C	Y	K	V	C	C	A	C	M	H	R	G

TỎI
HÚNG QUẾ
CÁ NGỪ
ĐƯỜNG
QUẾ
THỊT
LÚA MẠCH
HÀNH
SALAD
RAU BINA
DÂU TÂY
NƯỚC ÉP
SỮA
CHANH
BẠC HÀ
CỦ CẢI
LÊ
MUỐI
SÚP
CÀ RỐT

78 - Virtudes #1

B	I	T	D	Y	H	Ò	M	Ò	T	K	K	Đ	K
Ả	U	Q	U	Ệ	I	H	Đ	D	Ư	H	I	Ộ	H
Q	H	Ồ	H	Ế	G	K	A	D	Ở	Ô	Ê	C	I
U	Ữ	G	N	T	Ố	T	M	Y	N	N	N	L	Ê
Y	U	O	L	C	L	Q	M	Ậ	G	N	N	Ậ	M
Ế	Í	O	C	Ự	Ư	N	Ê	C	T	G	H	P	T
N	C	P	A	H	I	Ờ	R	N	Ư	O	Ẫ	O	Ố
R	H	Y	Q	T	V	M	I	I	Ợ	A	N	A	N
Ũ	D	Ọ	N	D	Ẹ	P	M	T	N	N	M	R	R
R	Ộ	N	G	L	Ư	Ợ	N	G	G	M	D	B	N
T	Ậ	U	H	T	Ễ	H	G	N	D	T	P	K	N
P	A	T	T	P	R	M	V	Á	N	C	K	O	B
V	O	H	P	Y	H	N	Ị	Đ	T	Ế	Y	U	Q
R	I	N	Y	T	T	H	Ô	N	G	M	I	N	H

ĐAM MÊ
NGHỆ THUẬT
TỐT
TÒ MÒ
QUYẾT ĐỊNH
HIỆU QUẢ
QUYẾN RŨ
ĐÁNG TIN CẬY
RỘNG LƯỢNG
BUỒN CƯỜI
TƯỞNG TƯỢNG
ĐỘC LẬP
THÔNG MINH
DỌN DẸP
KHIÊM TỐN
KIÊN NHẪN
THỰC TẾ
KHÔN NGOAN
HỮU ÍCH

79 - Antigüedades

G	I	Á	A	C	B	U	Đ	T	P	G	P	T	U
G	Y	A	K	H	Ộ	U	I	H	N	C	H	Q	K
Y	K	T	Y	Ấ	S	B	Ê	Ậ	U	Ũ	Ụ	C	K
B	M	S	P	T	Ư	G	U	T	A	V	C	M	H
C	O	A	T	L	U	Ỷ	K	Ế	H	T	H	T	Q
Đ	V	I	L	Ư	T	N	H	O	T	I	Ồ	B	R
T	Ầ	S	Í	Ợ	Ậ	Q	Ắ	I	B	I	I	G	Y
R	G	U	R	N	P	V	C	Đ	Ồ	N	G	X	U
A	I	H	T	G	N	G	H	Ệ	T	H	U	Ậ	T
N	Á	T	G	Ư	Đ	Ấ	U	G	I	Á	M	R	U
G	T	N	N	Ệ	I	K	U	Ề	I	Đ	G	A	U
S	R	E	A	Đ	Ồ	N	Ộ	I	T	H	Ấ	T	T
Ứ	Ị	N	R	P	H	O	N	G	C	Á	C	H	Q
C	H	C	T	T	H	A	N	H	L	Ị	C	H	Y

NGHỆ THUẬT
THẬT
CHẤT LƯỢNG
ĐIỀU KIỆN
TRANG TRÍ
THANH LỊCH
ENTHUSIAST
ĐIÊU KHẮC
PHONG CÁCH
BỘ SƯU TẬP
ĐẦU TƯ
TRANG SỨC
ĐỒNG XU
ĐỒ NỘI THẤT
GIÁ
PHỤC HỒI
THẾ KỶ
ĐẤU GIÁ
GIÁ TRỊ
CŨ

80 - Literatura

C	Ơ	Q	O	V	R	T	O	K	T	B	O	P	S
B	H	C	Í	T	N	Â	H	P	I	Q	C	M	O
I	T	Ủ	A	V	Y	U	B	A	Ể	Y	Ả	A	S
K	I	Ý	Đ	L	U	H	Ử	S	U	Ể	I	T	Á
Ị	À	K	R	Ề	D	Q	Q	H	T	G	G	H	N
C	B	I	T	Q	N	H	D	C	H	I	C	Ộ	H
H	U	Ế	Ụ	H	G	V	G	Á	U	A	Á	I	P
Y	R	N	D	Ự	Ơ	I	K	C	Y	I	T	T	P
V	I	Ễ	N	T	Ư	Ở	N	G	Ế	T	P	H	I
R	Y	R	Ẩ	G	D	Q	P	N	T	H	T	O	U
Y	B	N	C	N	U	U	Q	O	M	O	O	Ạ	K
D	Y	A	G	Ơ	B	P	Ị	H	N	Ạ	T	I	G
V	Ầ	N	R	Ư	H	V	M	P	M	I	I	Q	A
O	L	K	R	T	S	Ự	M	I	Ê	U	T	Ả	N

TƯƠNG TỰ
PHÂN TÍCH
GIAI THOẠI
TÁC GIẢ
TIỂU SỬ
SO SÁNH
SỰ MIÊU TẢ
HỘI THOẠI
PHONG CÁCH
VIỄN TƯỞNG

ẨN DỤ
TIỂU THUYẾT
Ý KIẾN
BÀI THƠ
THƠ
VẦN
NHỊP
CHỦ ĐỀ
BI KỊCH

81 - Química

C	A	R	B	O	N	O	I	O	H	U	Đ	N	B
O	O	R	D	Y	H	K	H	Í	A	M	I	H	R
U	V	C	L	O	Ạ	Y	E	N	A	O	Ệ	I	Q
V	Y	G	V	G	T	T	Q	N	C	Q	N	Ệ	R
P	I	V	Ử	T	N	Â	H	P	Z	L	T	T	G
Ô	X	Y	R	D	H	Ặ	G	U	O	Y	Ử	Đ	M
N	H	I	Ệ	T	Â	M	N	M	H	C	M	Ộ	N
N	L	M	U	O	N	Q	Ỏ	N	U	G	P	E	A
K	I	M	L	O	Ạ	I	L	O	Â	Ố	B	B	X
U	C	Á	T	C	Ú	X	T	Ấ	H	C	I	K	I
I	T	K	C	M	D	H	Ấ	T	A	L	N	I	T
B	N	G	N	Ứ	N	Ả	H	P	T	P	R	Ề	T
I	B	Q	C	D	H	Y	C	D	R	G	Q	M	T
Q	M	P	Y	L	Q	L	H	A	Q	V	Q	T	M

KIỀM
AXIT
NHIỆT
CARBON
CHẤT XÚC TÁC
CLO
ĐIỆN TỬ
ENZYME
KHÍ
HYDRO
ION
CHẤT LỎNG
KIM LOẠI
PHÂN TỬ
HẠT NHÂN
ÔXY
CÂN NẶNG
PHẢN ỨNG
MUỐI
NHIỆT ĐỘ

82 - Gobierno

Q	U	Y	Ề	N	B	D	Đ	M	C	M	Q	O	D
Y	T	Q	Y	V	V	K	T	Ộ	Y	V	G	N	Â
Ủ	H	C	N	Â	D	A	I	G	C	Ố	U	Q	N
D	Ả	I	G	H	I	N	P	B	N	L	K	C	S
S	O	B	Ì	N	H	Đ	Ẳ	N	G	K	Ậ	I	Ự
Ự	L	P	H	Á	T	B	I	Ể	U	M	B	P	I
C	U	Q	U	Ậ	N	H	C	Ị	T	C	Ố	U	Q
Ô	Ậ	A	T	I	P	Á	H	P	N	Ế	I	H	O
N	N	L	Ã	N	H	Đ	Ạ	O	E	M	D	T	L
G	T	I	Ể	U	B	A	N	G	M	G	U	K	V
B	Q	T	T	Ư	P	H	Á	P	U	L	G	P	T
Ằ	C	H	Í	N	H	T	R	Ị	N	U	M	N	R
N	I	B	C	T	R	T	Ự	D	O	Ậ	V	A	U
G	N	Ợ	Ư	T	U	Ể	I	B	M	T	V	I	K

QUỐC TỊCH
DÂN SỰ
HIẾN PHÁP
DÂN CHỦ
QUYỀN
PHÁT BIỂU
THẢO LUẬN
QUẬN
TIỂU BANG
BÌNH ĐẲNG
ĐỘC LẬP
TƯ PHÁP
SỰ CÔNG BẰNG
LUẬT
TỰ DO
LÃNH ĐẠO
MONUMENT
QUỐC GIA
CHÍNH TRỊ
BIỂU TƯỢNG

83 - Creatividad

T	I	L	K	P	A	Ả	S	Ứ	C	S	Ố	N	G
S	H	G	H	Ị	G	N	Ở	Ư	T	Ý	Y	G	M
O	Á	A	T	P	C	H	M	I	T	Ộ	C	T	U
K	G	N	Y	A	H	H	D	H	D	Đ	H	Y	H
G	K	T	G	Đ	K	Ỹ	N	Ă	N	G	N	Ỏ	L
N	T	N	N	T	Ổ	C	A	U	U	N	Y	C	P
Ợ	O	N	Ệ	A	Ạ	I	R	O	I	Ờ	T	Ả	B
Ư	M	A	I	C	Y	O	Q	H	T	Ư	R	M	T
T	Í	N	H	X	Á	C	T	H	Ự	C	Ự	X	Ự
N	T	Ậ	U	H	T	Ệ	H	G	N	V	C	Ú	P
Ấ	Q	K	Ể	C	Ả	M	G	I	Á	C	G	C	H
I	P	P	I	R	Õ	R	À	N	G	H	I	G	Á
O	P	B	B	T	Ầ	M	N	H	Ì	N	Á	N	T
Y	Q	U	U	P	G	N	Ứ	H	M	Ả	C	U	M

NGHỆ THUẬT
TÍNH XÁC THỰC
THAY ĐỔI
RÕ RÀNG
KỊCH
CẢM XÚC
TỰ PHÁT
BIỂU HIỆN
LỎNG
KỸ NĂNG
Ý TƯỞNG
ẢNH
ẤN TƯỢNG
CẢM HỨNG
CƯỜNG ĐỘ
TRỰC GIÁC
SÁNG TẠO
CẢM GIÁC
TẦM NHÌN
SỨC SỐNG

84 - Filantropía

M	C	T	R	U	N	G	T	H	Ự	C	P	N	L
Ụ	G	Ầ	A	B	T	Ệ	R	D	H	A	I	H	P
C	Ạ	L	N	Ê	I	L	I	L	A	R	G	I	N
T	Q	U	Ỹ	O	Ờ	Ử	S	H	C	Ị	L	Ệ	H
I	L	C	N	U	Ư	G	N	Ặ	T	B	A	M	Â
Ê	G	N	Ồ	Đ	G	N	Ộ	C	V	Ừ	H	V	N
U	Y	I	C	H	N	Í	H	C	I	À	T	Ụ	L
N	U	Ầ	C	N	À	O	T	H	Ế	H	Ệ	B	O
K	H	N	Ì	R	T	G	N	Ơ	Ư	H	C	A	Ạ
T	B	Ó	T	H	A	N	H	N	I	Ê	N	U	I
C	T	O	M	E	Ẻ	R	T	U	P	B	H	O	M
C	Ô	N	G	C	Ộ	N	G	M	Q	V	K	N	I
D	R	M	K	V	P	T	P	L	A	A	L	O	O
K	H	C	N	O	U	C	T	K	A	V	N	K	R

TỪ THIỆN
CỘNG ĐỒNG
LIÊN LẠC
TẶNG
TÀI CHÍNH
QUỸ
THẾ HỆ
NGƯỜI
TOÀN CẦU
NHÓM

LỊCH SỬ
TRUNG THỰC
NHÂN LOẠI
THANH NIÊN
MỤC TIÊU
NHIỆM VỤ
CẦN
TRẺ EM
CHƯƠNG TRÌNH
CÔNG CỘNG

85 - Clima

N	Ư	Ớ	C	Đ	Á	K	H	Í	H	Ậ	U	I	N
Đ	O	I	L	G	I	K	G	R	Ó	Q	L	Ớ	M
Á	Q	V	L	U	U	H	N	H	I	Ệ	T	Đ	Ộ
M	M	K	M	D	M	Ô	H	T	G	T	Ụ	T	Q
M	K	H	Ô	N	G	K	H	Í	L	N	L	Ệ	N
Â	H	Y	S	P	P	Y	C	Ự	C	T	Ũ	I	D
Y	C	B	Ấ	G	I	Ó	M	Ù	A	G	L	H	B
I	I	Ù	M	G	N	Ơ	Ư	S	A	P	Q	N	I
H	Ờ	H	S	N	T	N	B	R	V	L	M	M	K
Ạ	P	R	É	Ồ	G	T	O	Ã	B	N	Ơ	C	Y
N	C	L	T	V	U	G	Y	Á	O	X	C	Ố	L
H	O	R	O	U	S	D	I	H	I	T	P	G	A
Á	O	D	Y	Ầ	Ầ	É	Q	I	H	B	Á	O	P
N	I	A	U	C	M	B	T	U	K	M	H	P	Y

CẦU VỒNG
KHÔNG KHÍ
BẦU TRỜI
KHÍ HẬU
NƯỚC ĐÁ
CƠN BÃO
LŨ LỤT
GIÓ MÙA
SƯƠNG MÙ
ĐÁM MÂY
CỰC
SÉT
KHÔ
HẠN HÁN
NHIỆT ĐỘ
BÃO TÁP
LỐC XOÁY
NHIỆT ĐỚI
SẤM SÉT
GIÓ

86 - Comida #2

H	M	G	D	Y	B	P	B	N	M	Q	P	B	G
Q	C	L	H	V	V	L	V	Y	B	U	H	Á	À
H	C	O	H	N	P	I	L	Â	D	Ả	Ô	N	Q
V	Q	Q	Ạ	M	K	V	R	T	I	K	M	H	U
H	Ư	Ớ	N	G	D	Ư	Ơ	N	G	I	A	M	Ả
T	R	Ứ	N	G	M	L	H	Ầ	N	W	I	Ì	A
S	Ô	C	Ô	L	A	Í	K	C	Ừ	I	C	Ì	N
T	Á	O	S	B	B	R	T	V	G	K	I	M	H
C	L	L	I	G	Y	A	C	À	C	H	U	A	Đ
I	H	I	T	H	A	D	K	Y	C	T	Y	Ú	À
V	Q	U	A	H	Ạ	N	H	N	H	Â	N	L	O
C	D	Y	Ố	M	B	D	S	Ữ	A	C	H	U	A
V	P	Q	H	I	T	M	Y	Y	M	I	D	I	A
Q	U	B	N	K	Y	K	D	V	Y	D	P	U	L

ATISÔ
HẠNH NHÂN
CẦN TÂY
GẠO
CÀ TÍM
QUẢ ANH ĐÀO
SÔ CÔ LA
HƯỚNG DƯƠNG
TRỨNG
GỪNG
QUẢ KIWI
TÁO
BÁNH MÌ
CHUỐI
GÀ
PHÔ MAI
CÀ CHUA
LÚA MÌ
NHO
SỮA CHUA

87 - Diplomacia

C	G	C	X	L	P	C	H	C	C	Ố	V	Ấ	N
N	H	H	I	U	L	M	H	N	I	N	N	A	H
G	I	Í	G	R	N	P	D	Í	I	M	M	L	K
O	Ữ	G	N	N	Ô	G	N	M	N	D	A	D	Q
Ạ	T	N	Ằ	H	M	O	Đ	R	K	H	C	Y	B
I	H	G	B	N	T	H	R	Ộ	T	T	P	T	A
Q	Ả	O	G	G	B	R	C	Á	T	P	Ợ	H	A
U	O	Ạ	N	H	Q	O	Ị	Ứ	C	H	L	U	Ủ
Ố	L	I	Ô	Ị	Đ	Ạ	I	S	Ứ	Q	U	Á	N
C	U	G	C	Q	G	Đ	B	I	Đ	G	G	B	Q
C	Ậ	I	Ự	U	V	N	K	Ạ	O	U	R	K	I
P	N	A	S	Y	P	Â	L	Đ	Ạ	N	V	Y	M
I	C	O	R	Ế	H	H	D	V	Đ	M	K	V	P
K	M	O	C	T	U	N	Ẹ	V	N	À	O	T	G

CỐ VẤN
XUNG ĐỘT
HỢP TÁC
NGOẠI GIAO
THẢO LUẬN
ĐẠI SỨ QUÁN
ĐẠI SỨ
NGOẠI QUỐC
ĐẠO ĐỨC

CHÍNH PHỦ
NHÂN ĐẠO
NGÔN NGỮ
TOÀN VẸN
SỰ CÔNG BẰNG
CHÍNH TRỊ
NGHỊ QUYẾT
AN NINH

88 - Herboristería

O	H	D	L	N	Ầ	H	P	H	N	À	H	T	C
G	Ư	M	Ơ	H	T	Ú	P	N	Ờ	H	R	M	H
G	Ơ	H	Ấ	A	T	N	U	A	Ư	C	V	O	Ấ
U	N	M	V	I	U	G	N	X	V	Ạ	P	T	T
B	G	C	Q	Ớ	G	Q	M	U	V	B	K	H	L
T	V	K	V	I	M	U	D	R	A	I	B	V	Ư
Ỏ	Ị	Y	V	G	T	Ế	P	P	Y	H	A	C	Ợ
I	V	R	L	H	C	H	Y	Â	T	Ễ	H	G	N
V	B	A	N	N	Q	N	Ự	P	K	M	K	B	G
Y	M	M	Ù	I	T	Â	Y	C	Ự	H	T	M	Ẩ
A	A	E	G	K	U	G	A	D	V	G	C	T	L
Q	A	S	Q	Á	T	H	Ì	L	À	Ậ	C	H	N
B	K	O	À	L	Ì	H	T	U	A	R	T	L	D
P	M	R	H	O	A	O	Ả	I	H	Ư	Ơ	N	G

TỎI
HÚNG QUẾ
THƠM
NGHỆ TÂY
CHẤT LƯỢNG
ẨM THỰC
RAU THÌ LÀ
GIẤM
HOA
THÌ LÀ
THÀNH PHẦN
VƯỜN
HOA OẢI HƯƠNG
LÁ KINH GIỚI
BẠC HÀ
MÙI TÂY
THỰC VẬT
ROSEMARY
HƯƠNG VỊ
XANH

89 - Energía

T	H	Q	O	P	Ệ	I	H	G	N	G	N	Ô	C
D	D	Ạ	Ạ	T	T	V	R	K	D	I	H	H	L
Y	C	A	T	P	G	I	Ó	H	A	A	I	P	P
B	D	U	I	N	I	B	A	U	T	A	Ệ	A	M
G	A	Ử	Á	C	H	U	U	O	Y	U	T	M	P
P	H	O	T	O	N	Â	H	A	O	Ệ	A	G	I
N	M	R	G	N	Ă	X	N	Ơ	H	I	A	C	I
R	D	D	A	O	Ệ	G	Ệ	C	I	L	M	U	M
B	I	Y	C	B	G	I	I	G	Ờ	N	H	G	P
C	E	H	C	R	G	N	Đ	N	R	Ê	Ư	B	I
K	S	P	I	A	U	H	Y	Ộ	T	I	Y	Ớ	N
O	E	Q	H	C	V	I	B	Đ	T	H	M	D	C
B	L	Ô	N	H	I	Ễ	M	U	Ặ	N	R	Y	R
E	N	T	R	O	P	Y	U	Y	M	Q	N	M	L

PIN
NHIỆT
CARBON
NHIÊN LIỆU
Ô NHIỄM
DIESEL
ĐIỆN TỬ
ĐIỆN
ENTROPY
PHOTON
XĂNG
HYDRO
CÔNG NGHIỆP
ĐỘNG CƠ
HẠT NHÂN
TÁI TẠO
MẶT TRỜI
TUA-BIN
HƠI NƯỚC
GIÓ

90 - Insectos

B	C	G	Q	L	A	Q	C	B	U	L	V	C	N
Ọ	K	I	Ế	N	M	G	O	M	Ư	O	V	H	K
N	Á	I	G	B	D	U	N	Ấ	I	Ớ	K	Â	G
G	U	B	Y	D	A	L	V	U	I	Ố	M	U	M
Ự	Â	L	H	G	B	T	E	T	O	N	G	C	N
A	S	P	R	T	C	É	S	R	K	R	Q	H	G
C	D	R	L	I	U	H	Ầ	Ù	I	V	U	Ấ	O
B	O	À	C	O	À	C	U	N	O	I	Ỗ	U	M
T	Ư	N	P	V	Y	Ọ	H	G	R	Ệ	P	H	Q
Y	M	Ớ	O	C	O	B	O	P	M	V	U	G	R
A	G	O	M	N	O	D	R	Q	O	M	D	C	O
T	P	H	V	Đ	G	A	N	U	Q	T	P	V	Y
R	N	M	T	T	Ê	Y	E	M	R	A	O	G	N
L	R	I	H	M	N	M	T	D	G	N	B	P	D

CON ONG
ONG
HORNET
RỆP
CON VE SẦU
GIÁN
SÂU
KIẾN
CÀO CÀO

ẤU TRÙNG
BỌ NGỰA
BƯỚM
LADYBUG
MUỖI
BƯỚM ĐÊM
BỌ CHÉT
CHÂU CHẤU
MỐI

91 - Especias

G	Ừ	N	G	Ế	B	H	Ớ	R	O	N	R	G	Q
B	U	L	K	U	Ê	I	T	Ọ	G	N	A	U	C
B	D	Y	G	Q	O	Ỏ	C	A	C	P	G	Q	H
B	G	T	Đ	Q	O	T	Ự	N	M	R	K	R	U
G	P	N	V	Ắ	D	Ị	A	R	I	H	B	Đ	A
O	R	T	K	A	N	V	G	O	Y	C	G	I	C
C	Â	Y	H	Ồ	I	G	À	L	Ì	H	T	N	A
U	L	Â	O	P	N	N	L	C	À	R	I	H	M
M	A	T	R	H	A	Ơ	Ì	M	Q	C	G	H	T
U	Y	Ệ	K	À	V	Ư	H	G	G	H	R	Ư	H
Ố	C	H	P	N	V	H	T	C	I	B	R	Ơ	Ả
I	C	G	T	H	T	U	Y	V	B	C	Y	N	O
T	Y	N	O	P	A	M	Â	R	O	D	C	G	D
U	Ấ	H	K	U	Ậ	Đ	C	Ụ	H	N	T	N	O

CHUA
TỎI
ĐẮNG
CÂY HỒI
NGHỆ TÂY
QUẾ
HÀNH
ĐINH HƯƠNG
CÂY THÌ LÀ
CÀ RI
NGỌT
THÌ LÀ
GỪNG
NHỤC ĐẬU KHẤU
ỚT CỰA GÀ
TIÊU
CAM THẢO
HƯƠNG VỊ
MUỐI
VANI

92 - Emociones

H	T	U	O	A	S	Ự	P	H	Ẫ	N	N	Ộ	V
B	M	T	G	K	H	N	Ì	B	N	Ê	Y	N	V
C	H	Á	N	N	Ả	N	L	Ị	M	A	D	Ỗ	D
T	K	O	A	B	Ổ	L	Ặ	K	O	N	L	I	Q
N	Ã	I	G	Ư	H	T	N	Í	Y	M	T	B	G
T	Ộ	K	Y	Ê	U	B	G	C	R	P	B	U	N
Ợ	S	I	Ỗ	N	Ấ	O	B	H	I	C	T	Ồ	Ô
D	M	L	D	I	X	O	L	T	G	A	M	N	H
Ị	A	Ò	R	U	A	B	I	H	N	Â	I	R	T
U	C	N	U	V	N	R	S	Í	Ò	Q	I	N	M
D	O	G	V	M	M	G	S	C	L	O	M	R	Ả
À	P	T	L	Ề	R	N	H	H	I	B	A	G	C
N	I	Ố	T	I	B	C	P	M	À	D	B	Y	C
G	G	T	H	N	Ì	B	A	Ò	H	A	P	G	L

CHÁN NẢN
TRI ÂN
NIỀM VUI
YÊU
XẤU HỔ
BLISS
LÒNG TỐT
LẶNG
NỘI DUNG
BỊ KÍCH THÍCH

SỰ PHẪN NỘ
NỖI SỢ
HÒA BÌNH
THƯ GIÃN
HÀI LÒNG
CẢM THÔNG
DỊU DÀNG
YÊN BÌNH
NỖI BUỒN

93 - Jazz

G	P	K	B	Q	G	V	D	A	K	Q	V	Q	U
P	Y	Y	N	A	K	K	P	L	Ỹ	K	R	A	U
H	M	I	G	I	C	I	Ị	B	T	N	L	Y	K
N	H	Ấ	N	M	Ạ	N	H	U	H	G	N	Ứ	H
Ầ	N	U	Ố	L	H	O	N	M	U	H	P	T	C
H	A	N	R	Y	N	C	L	B	Ậ	Ệ	H	À	Í
P	D	L	T	U	N	V	Ũ	Ể	T	S	O	I	H
H	I	O	Á	U	Ạ	B	G	M	H	Ĩ	N	N	T
N	Ổ	A	H	A	O	Â	C	O	P	T	G	Ă	U
À	N	D	I	A	S	H	M	A	Q	B	C	N	Ê
H	M	R	À	M	À	K	M	N	K	D	Á	G	Y
T	Q	A	B	K	H	M	Ớ	I	H	O	C	C	R
Q	G	C	Ạ	H	N	N	À	D	C	Ạ	H	L	G
B	U	Ổ	I	H	Ò	A	N	H	Ạ	C	C	I	Q

NGHỆ SĨ
ALBUM
BÀI HÁT
THÀNH PHẦN
NHÀ SOẠN NHẠC
BUỔI HÒA NHẠC
PHONG CÁCH
NHẤN MẠNH
NỔI DANH
YÊU THÍCH
THỂ LOẠI
HỨNG
ÂM NHẠC
MỚI
DÀN NHẠC
NHỊP
TÀI NĂNG
TRỐNG
KỸ THUẬT
CŨ

94 - Mediciones

G	R	M	A	U	T	C	K	K	L	T	L	C	Â
K	R	C	U	M	E	H	I	I	I	R	B	Â	M
I	V	A	A	G	M	I	L	L	P	Ì	B	N	L
L	D	B	M	I	I	Ề	Ô	Ô	L	N	O	N	Ư
N	P	I	G	D	T	U	G	M	Q	H	O	Ặ	Ợ
Â	N	Y	I	D	N	C	A	É	K	Đ	H	N	N
H	T	B	Y	T	E	A	M	T	U	Ộ	C	G	G
P	Ấ	L	Y	É	C	O	Đ	A	K	B	G	G	H
P	N	N	Í	M	G	N	Ộ	R	U	Ề	I	H	C
Ậ	H	I	C	T	K	M	S	O	U	N	C	E	N
H	P	Ú	B	L	C	Q	Â	H	Q	B	B	L	I
T	G	I	T	B	M	I	U	T	U	G	L	O	A
C	H	I	Ề	U	D	À	I	L	V	A	A	G	H
G	R	Y	R	N	K	H	Ố	I	L	Ư	Ợ	N	G

CHIỀU CAO
CHIỀU RỘNG
BYTE
CENTIMET
THẬP PHÂN
TRÌNH ĐỘ
GRAM
KILÔGAM
KILÔMÉT
LÍT
CHIỀU DÀI
KHỐI LƯỢNG
MÉT
PHÚT
OUNCE
CÂN NẶNG
ĐỘ SÂU
INCH
TẤN
ÂM LƯỢNG

95 - Barcos

P	H	I	H	À	N	H	Đ	O	À	N	R	U	R
R	L	M	Ồ	U	B	T	Ộ	C	V	Ề	N	C	Đ
T	Y	Y	B	T	T	R	H	H	D	Y	T	B	Ộ
N	K	P	H	Q	C	B	V	Ủ	P	U	I	R	N
S	Ô	N	G	D	H	È	L	U	Y	H	U	R	G
Đ	Ạ	I	D	Ư	Ơ	N	G	Q	R	T	V	H	C
B	H	Ả	M	Ồ	U	B	N	Ề	Y	U	H	T	Ơ
I	N	H	P	K	G	L	K	Q	P	D	M	Ủ	M
Ể	I	G	X	Q	P	G	V	U	K	R	O	O	B
N	B	N	U	Ề	I	R	T	Y	Ủ	H	T	Y	M
P	P	À	Ồ	P	H	A	O	H	Ả	I	L	Ý	C
T	H	H	N	H	V	D	I	L	T	O	B	H	L
M	D	À	G	N	Ừ	H	T	Y	Â	D	M	D	V
K	A	Y	A	K	N	E	O	H	T	O	M	O	D

NEO
BÈ
PHAO
XUỒNG
DÂY THỪNG
PHÀ
KAYAK
HỒ
BIỂN
THỦY TRIỀU
THỦY THỦ
HÀNG HẢI
CỘT BUỒM
ĐỘNG CƠ
HẢI LÝ
ĐẠI DƯƠNG
SÔNG
PHI HÀNH ĐOÀN
THUYỀN BUỒM
DU THUYỀN

96 - Antártida

C	H	I	M	C	Á	N	H	C	Ụ	T	T	K	B
M	Y	O	C	N	O	O	B	P	B	O	B	H	Ả
V	Ô	G	N	Ờ	Ư	R	T	I	Ô	M	I	O	O
Ị	R	N	Đ	C	Y	N	L	A	Q	P	Y	Á	T
N	O	Ă	Đ	Ả	C	Ư	O	L	K	R	Â	N	Ồ
H	C	B	U	Ị	O	Ớ	À	C	H	I	M	G	N
A	K	G	I	L	A	C	I	Ọ	N	Y	M	S	R
K	Y	N	P	U	Y	L	C	H	D	U	Á	Ả	L
G	N	Ô	B	Ă	N	G	Ý	A	I	O	Đ	N	T
Q	V	S	M	D	I	C	Ư	O	Ị	Ả	G	P	U
O	Y	V	R	N	Y	C	P	H	B	Đ	M	G	P
K	P	N	M	M	A	K	A	K	N	N	C	K	R
T	N	H	I	Ệ	T	Đ	Ộ	B	B	Á	A	Ụ	U
U	A	Đ	Ị	A	H	Ì	N	H	N	B	V	U	L

NƯỚC
VỊNH
KHOA HỌC
BẢO TỒN
LỤC ĐỊA
LOÀI
MÔN ĐỊA LÝ
SÔNG BĂNG
BĂNG
ĐẢO
MÔI TRƯỜNG
DI CƯ
KHOÁNG SẢN
ĐÁM MÂY
CHIM
BÁN ĐẢO
CHIM CÁNH CỤT
ROCKY
NHIỆT ĐỘ
ĐỊA HÌNH

97 - Mamíferos

C	H	Ư	Ơ	U	C	A	O	C	Ổ	K	M	T	L
C	H	T	Q	M	G	V	E	K	I	A	G	R	Ạ
Ự	O	Ó	H	C	Y	P	H	P	B	N	U	Ừ	C
Đ	U	Y	S	D	K	G	Á	O	V	G	Ấ	A	Đ
Ò	K	E	O	Ó	N	M	C	B	U	A	G	T	À
B	C	K	B	T	I	P	Q	V	K	R	N	Y	N
I	O	N	H	Ộ	E	C	T	G	T	O	T	T	H
I	N	O	V	Đ	O	Á	C	D	U	O	A	Y	O
M	M	D	K	Ỉ	U	O	L	Q	V	T	H	Ỏ	L
B	È	K	A	H	N	G	Ự	A	V	Ằ	N	U	C
A	O	R	B	K	Q	K	C	Á	V	O	I	O	N
D	R	H	Q	I	H	L	I	B	D	L	G	M	G
C	O	N	V	O	I	Ỉ	T	O	H	K	T	L	Ự
M	U	K	R	K	U	L	M	U	B	L	N	R	A

CÁ VOI
DONKEY
NGỰA
LẠC ĐÀ
KANGAROO
NGỰA VẰN
THỎ
COYOTE
CÁ HEO
CON VOI

CON MÈO
KHỈ ĐỘT
HƯƠU CAO CỔ
CHÓ SÓI
KHỈ
GẤU
CỪU
CHÓ
BÒ ĐỰC
CÁO

98 - Boxeo

T	C	H	Ấ	N	T	H	Ư	Ơ	N	G	Đ	K	R
A	R	K	C	G	N	K	A	P	N	N	Ố	Ỹ	M
R	T	Ọ	H	D	B	B	Y	C	Ể	Đ	I	N	B
G	K	Y	N	I	O	D	R	A	H	I	T	Ă	S
M	O	L	A	G	P	K	V	H	T	Ể	H	N	Ứ
Đ	Á	D	H	V	T	I	I	V	Ơ	M	Ủ	G	C
C	O	H	N	N	M	À	K	T	C	Ằ	Ắ	T	M
G	Ă	N	G	T	A	Y	I	I	Ó	C	B	N	Ạ
K	H	U	Ỷ	U	T	A	Y	Ê	G	V	I	K	N
C	H	U	Ô	N	G	Q	C	U	R	N	O	A	H
K	I	Ệ	T	S	Ứ	C	K	Đ	Đ	Ấ	U	S	Ĩ
D	Â	Y	T	H	Ừ	N	G	I	R	R	U	A	A
P	H	Ụ	C	H	Ồ	I	I	Ể	T	H	B	U	C
V	K	M	G	T	Q	L	N	M	C	U	Q	Q	H

TRỌNG TÀI
CẰM
CHUÔNG
TIÊU ĐIỂM
KHUỶU TAY
DÂY THỪNG
CƠ THỂ
GÓC
KIỆT SỨC
SỨC MẠNH
GĂNG TAY
KỸ NĂNG
CHẤN THƯƠNG
ĐẤU SĨ
ĐỐI THỦ
ĐÁ
ĐIỂM
NẮM TAY
NHANH
PHỤC HỒI

99 - Abejas

C	Đ	Q	K	A	T	A	E	R	L	A	S	A	T
Ô	U	A	T	C	G	I	V	A	B	R	L	Á	U
N	R	U	D	I	Q	I	I	M	A	P	B	D	P
T	I	B	A	Ạ	N	Ấ	H	P	Ụ	H	T	Y	L
R	T	I	V	L	N	R	B	N	V	Ấ	L	H	I
Ù	I	A	Ư	P	C	G	C	I	D	N	H	K	H
N	U	L	Ờ	Ọ	Q	G	N	R	U	H	N	Á	C
G	M	D	N	H	Q	B	Y	O	R	O	O	C	V
C	Ó	L	Ợ	I	Ó	H	K	K	T	A	T	A	H
O	T	R	Á	I	C	Â	Y	Â	C	Ậ	K	D	H
T	H	Ứ	C	Ă	N	K	Q	O	T	T	M	O	M
M	Ặ	T	T	R	Ờ	I	A	Q	B	Q	B	C	C
B	P	H	P	N	Ữ	H	O	À	N	G	R	I	V
H	Ệ	S	I	N	H	T	H	Á	I	Y	O	O	R

CÁNH
CÓ LỢI
SÁP
HIVE
THỨC ĂN
ĐA DẠNG
HỆ SINH THÁI
HỌP LẠI
HOA
TRÁI CÂY
KHÓI
CÔN TRÙNG
VƯỜN
MẬT ONG
CÂY
PHẤN HOA
THỤ PHẤN
NỮ HOÀNG
MẶT TRỜI

100 - Psicología

K	I	N	H	N	G	H	I	Ệ	M	C	R	V	N
T	C	Ả	M	X	Ú	C	B	H	A	Á	H	H	H
G	H	G	I	Ấ	C	M	Ơ	Q	P	I	R	M	Ậ
Đ	T	Ự	U	C	M	A	Y	L	I	T	H	A	N
Á	Ộ	U	C	D	Ả	A	Ĩ	N	B	Ô	N	V	T
N	Đ	M	P	T	Y	M	H	G	R	I	Í	M	H
H	G	H	V	V	Ế	L	G	N	Ở	Ư	T	Ý	Ứ
G	N	À	S	M	Â	L	N	I	H	Q	Á	C	C
I	U	P	V	U	L	N	Y	V	Á	L	C	U	K
Á	X	C	U	Ấ	O	U	U	H	D	C	I	Ộ	R
C	C	R	D	M	N	U	S	N	I	H	I	C	I
N	T	H	V	U	R	Đ	D	À	Q	L	A	H	Y
B	Ấ	T	T	Ỉ	N	H	Ề	H	D	Y	T	Ẹ	M
T	M	P	T	I	Ề	M	T	H	Ứ	C	T	N	K

CUỘC HẸN
LÂM SÀNG
NHẬN THỨC
HÀNH VI
XUNG ĐỘT
CÁI TÔI
CẢM XÚC
ĐÁNH GIÁ
KINH NGHIỆM
Ý TƯỞNG
BẤT TỈNH
SUY NGHĨ
CÁ TÍNH
VẤN ĐỀ
THỰC TẾ
CẢM GIÁC
TIỀM THỨC
GIẤC MƠ

1 - Ajedrez

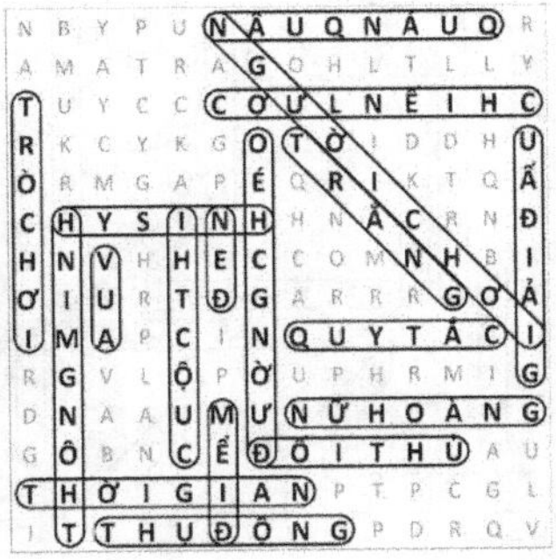

2 - Agua

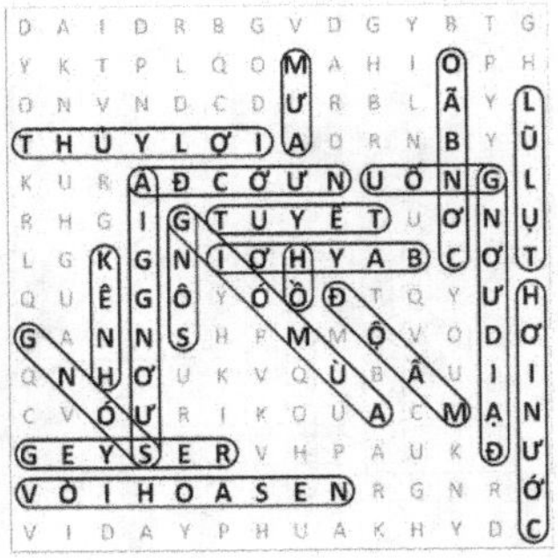

3 - Arqueología

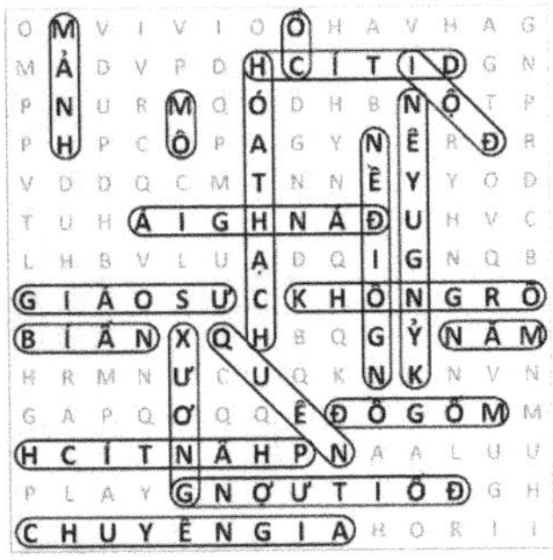

4 - Granja #2

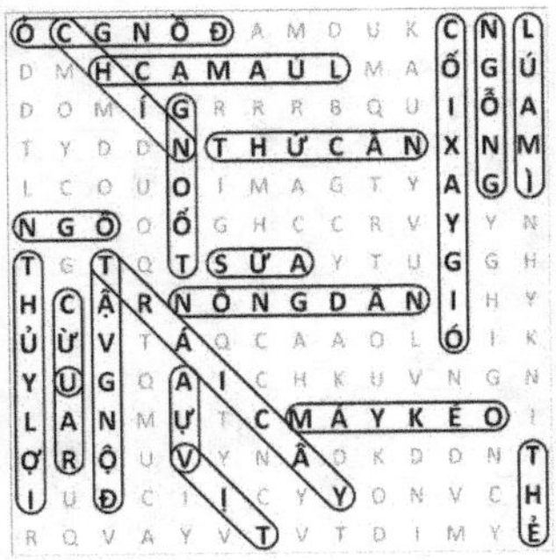

5 - La Empresa

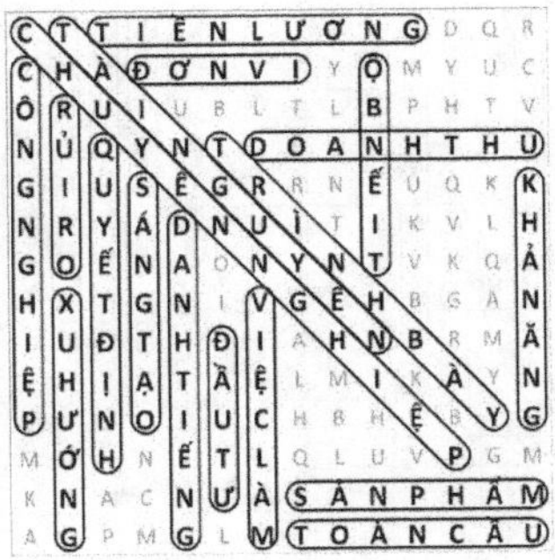

6 - Pesca

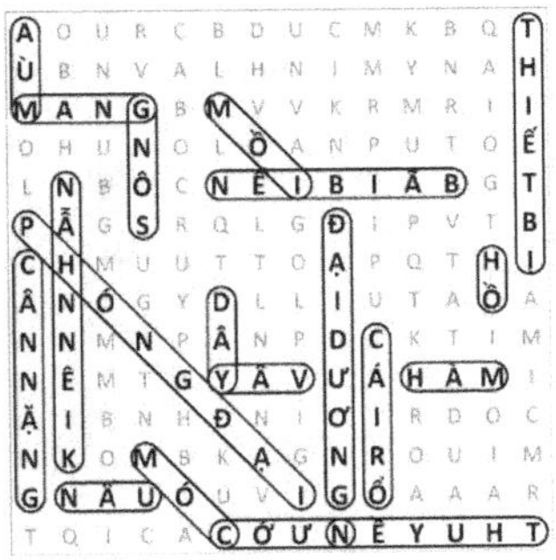

7 - Aviones

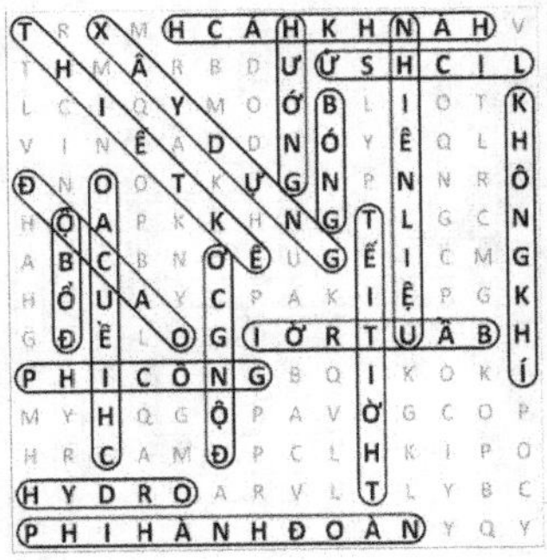

8 - Tipos de Cabello

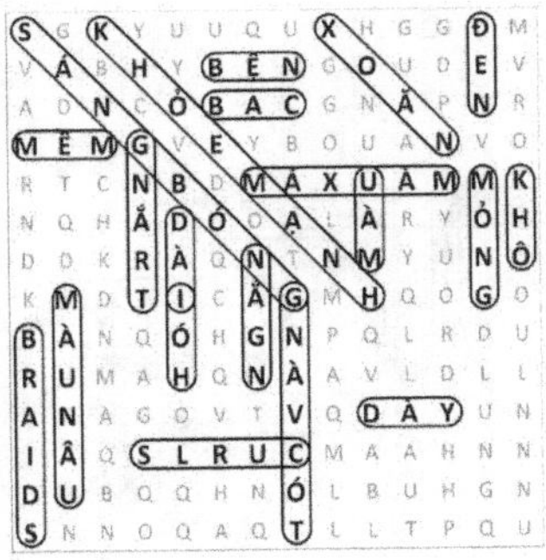

9 - Ética

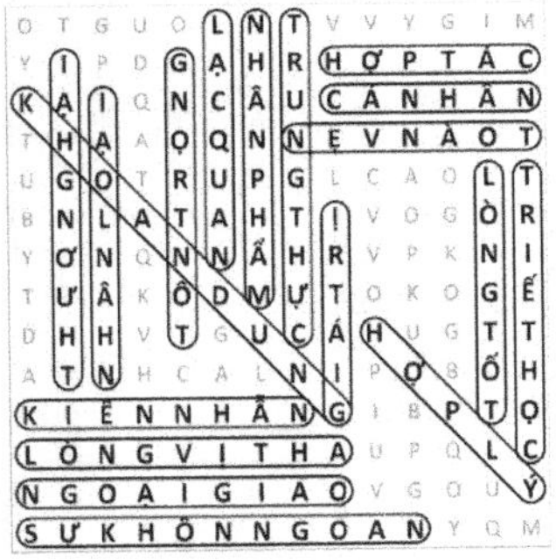

10 - Ciencia Ficción

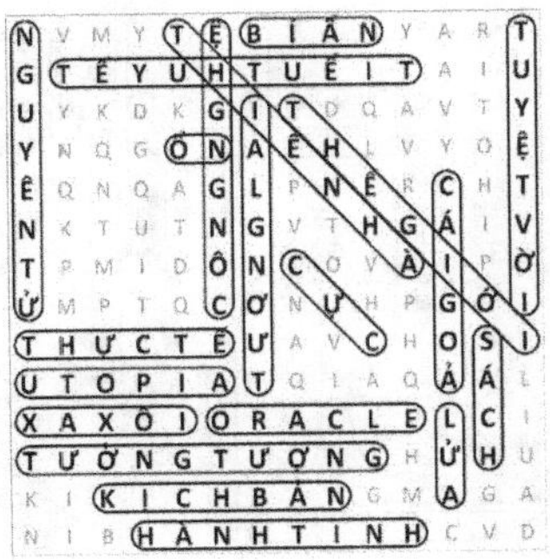

11 - Circo

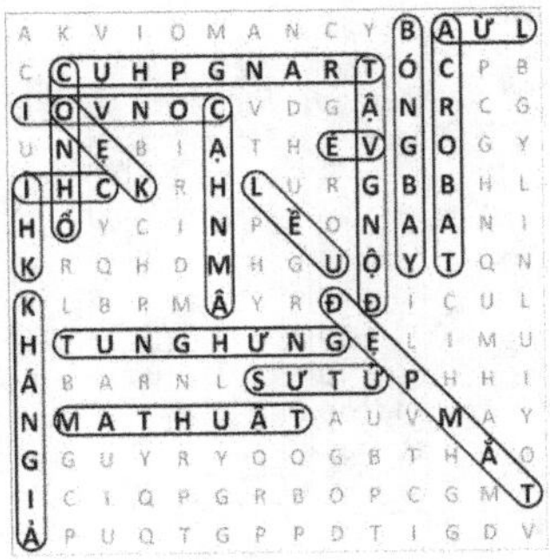

12 - Granja #1

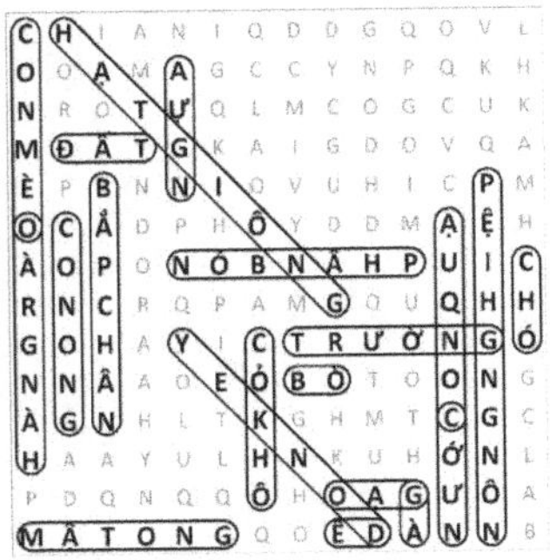

13 - Camping

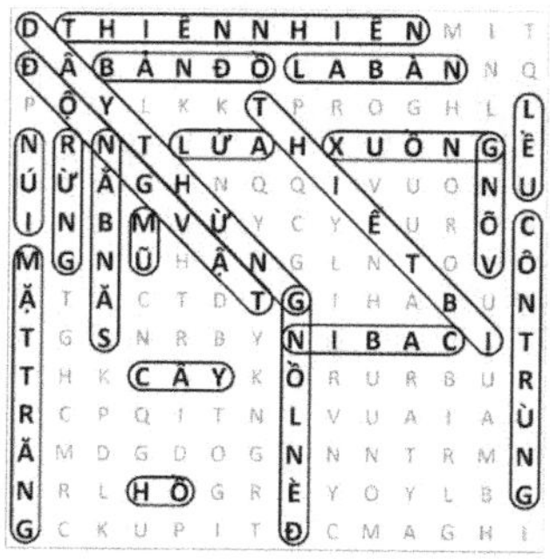

14 - Fruta

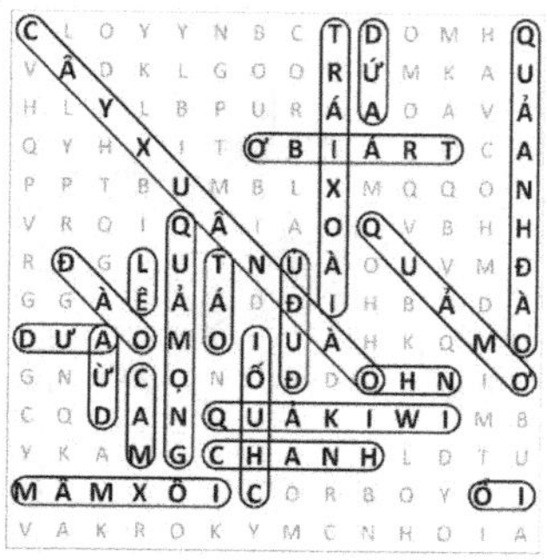

15 - Geología

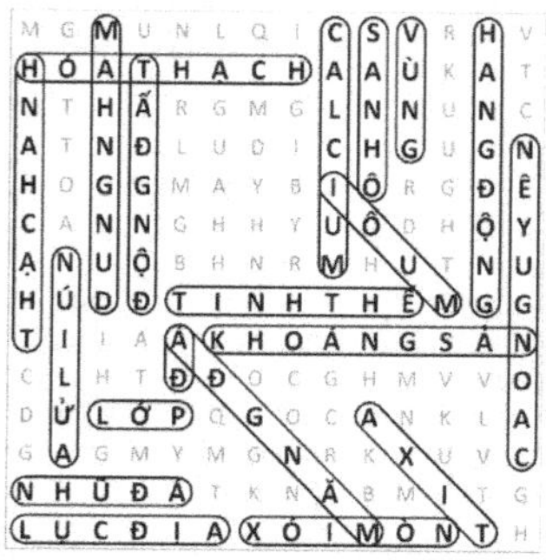

16 - Álgebra

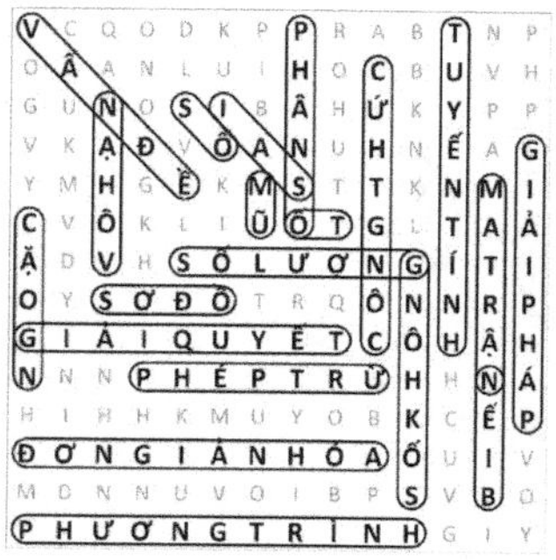

17 - Plantas

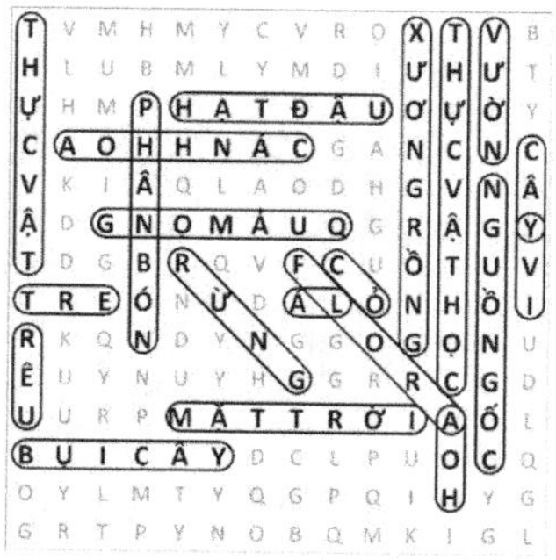

18 - Suministros de Arte

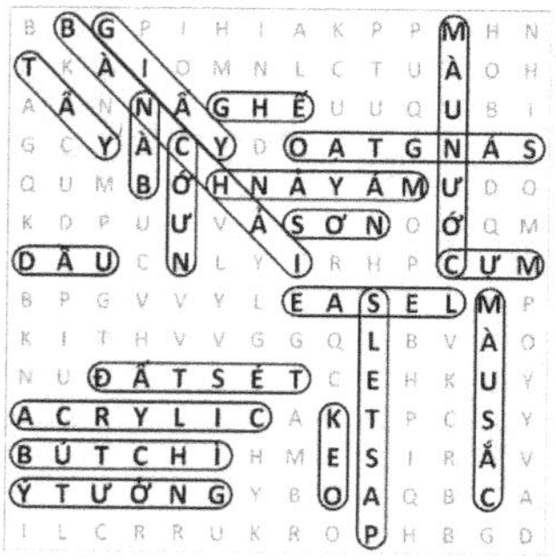

19 - Negocio

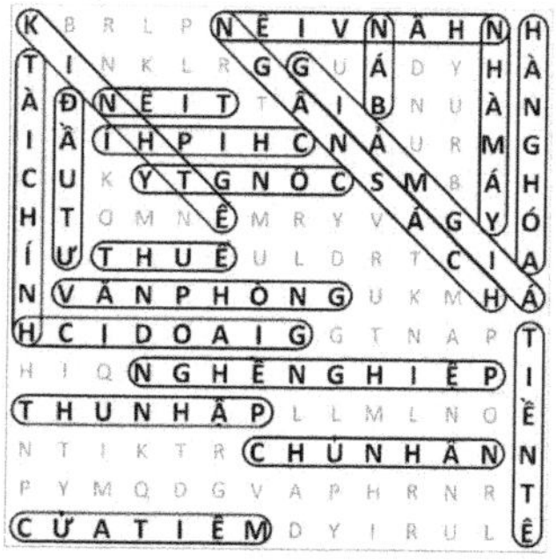

20 - Jardín

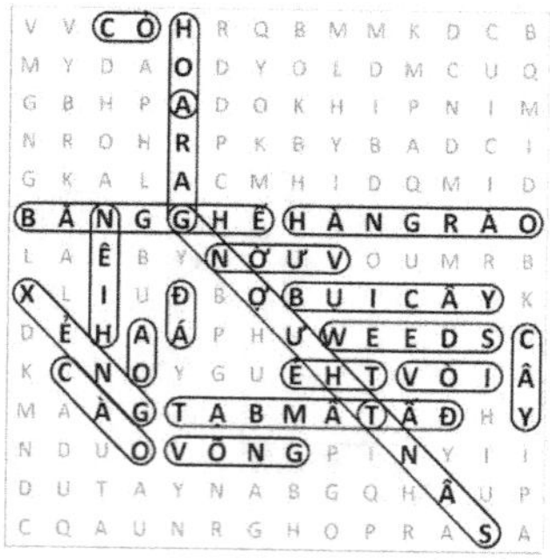

21 - Países #2

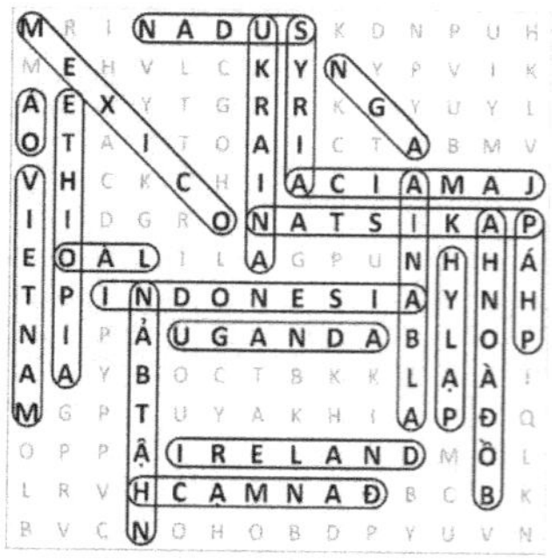

22 - Tecnología

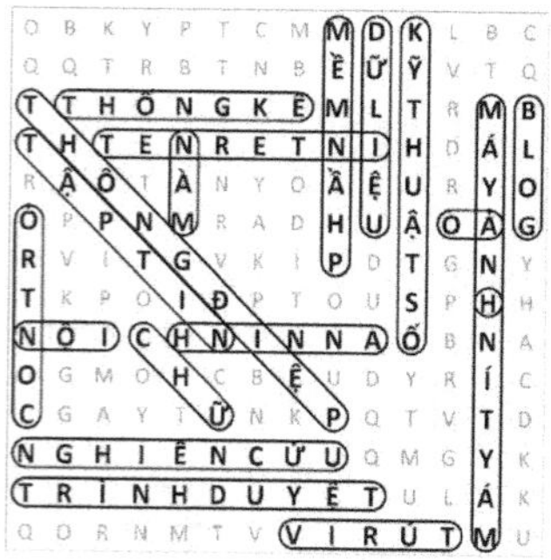

23 - Números

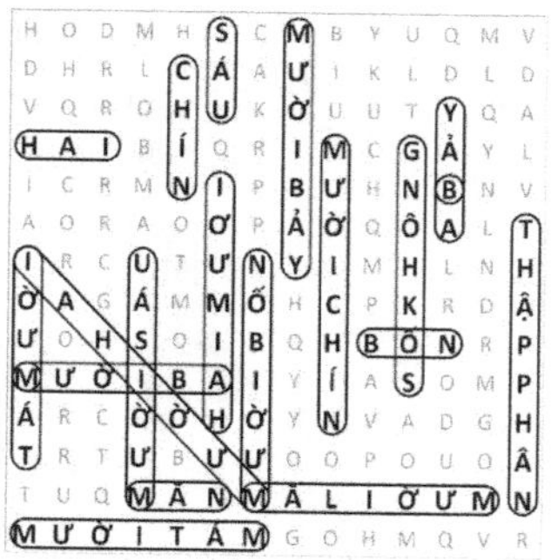

24 - Física

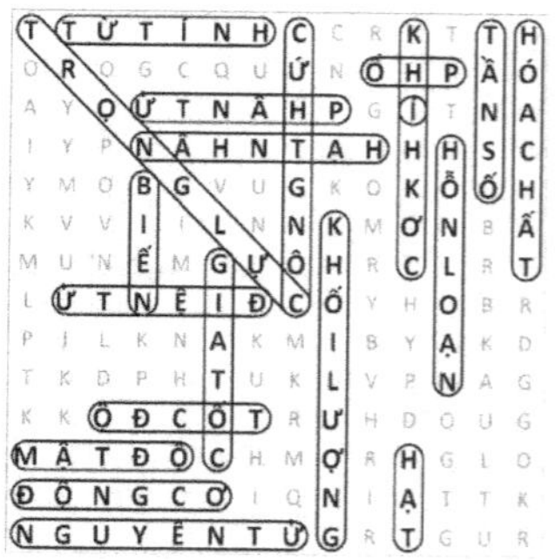

25 - Belleza

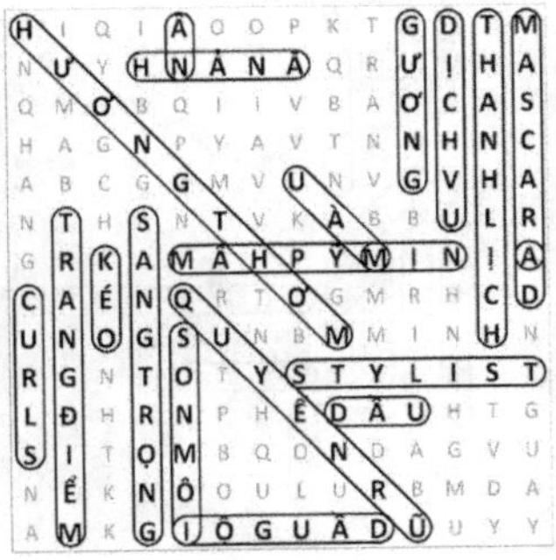

26 - Países #1

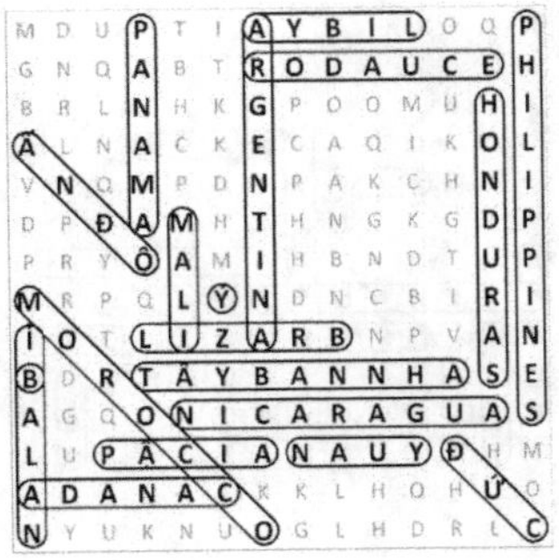

27 - Mitología

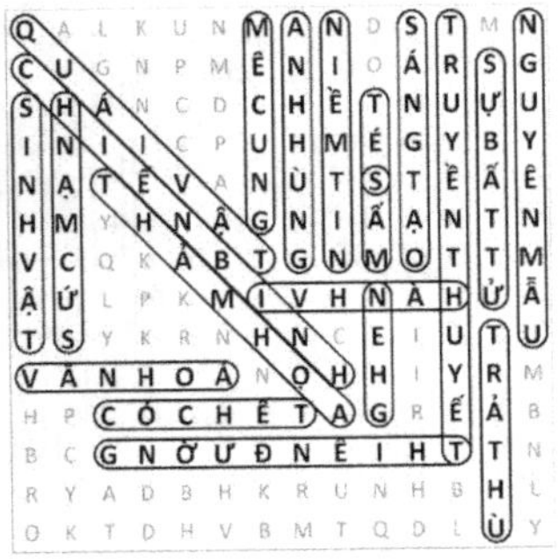

28 - Ecología

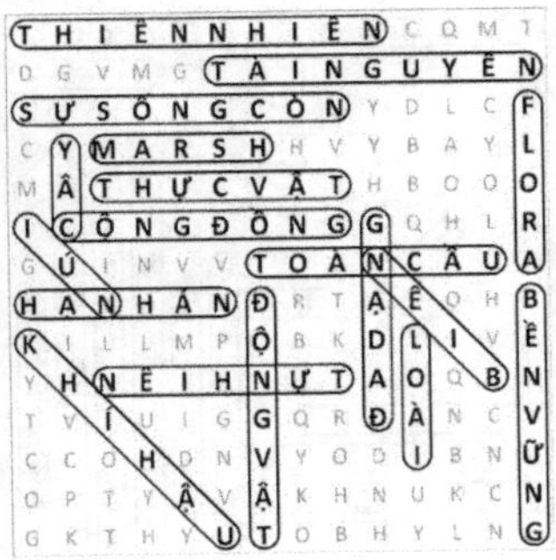

29 - Casa

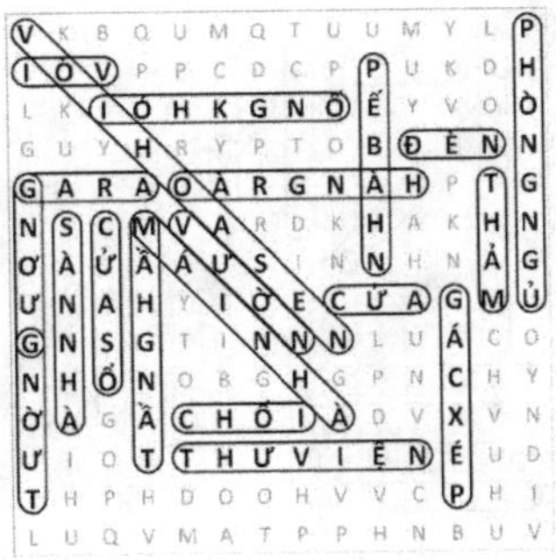

30 - Artes Visuales

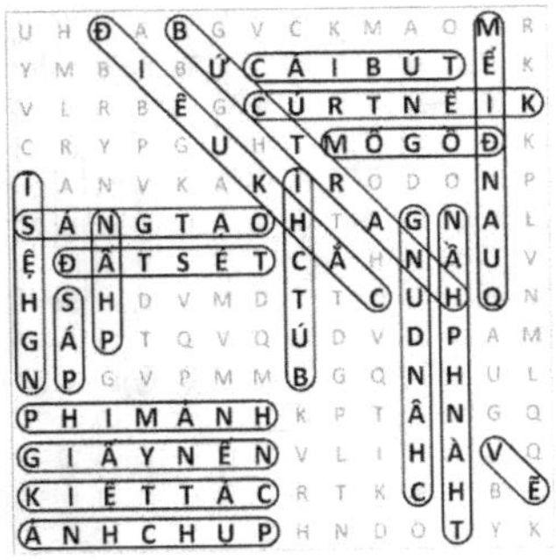

31 - Salud y Bienestar #2

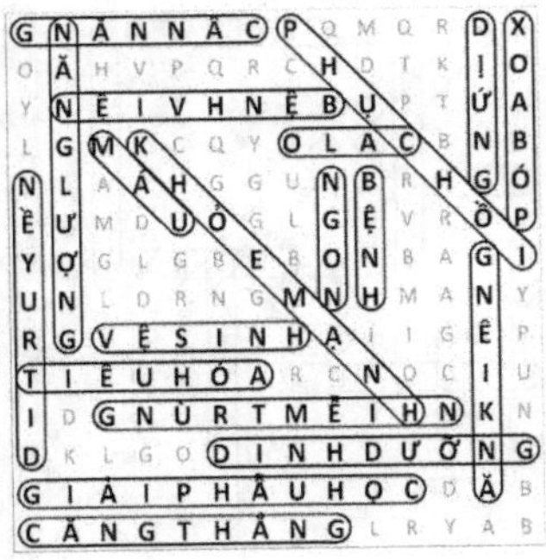

32 - Adjetivos #1

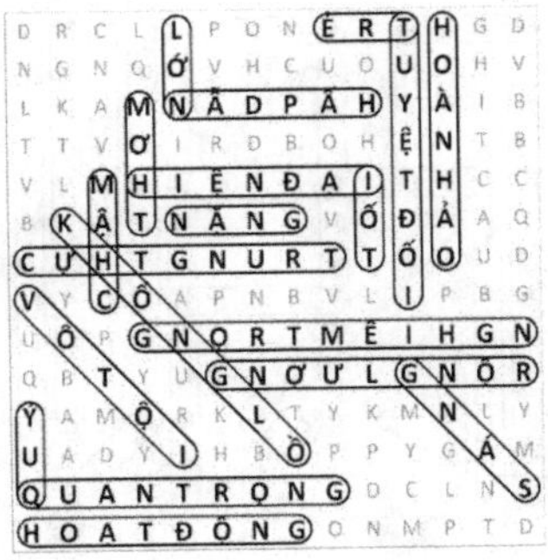

33 - Familia

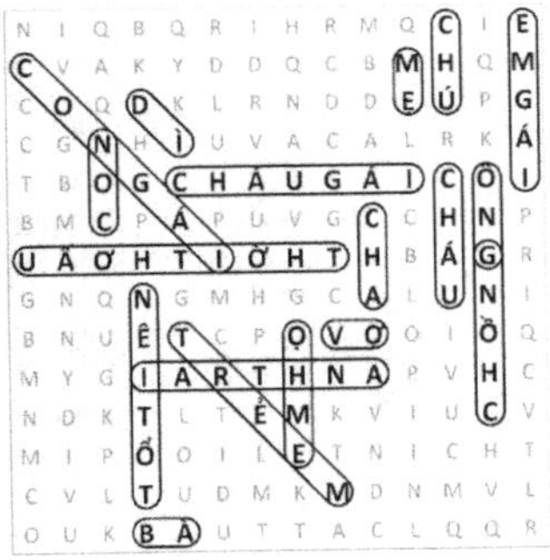

34 - Disciplinas Científicas

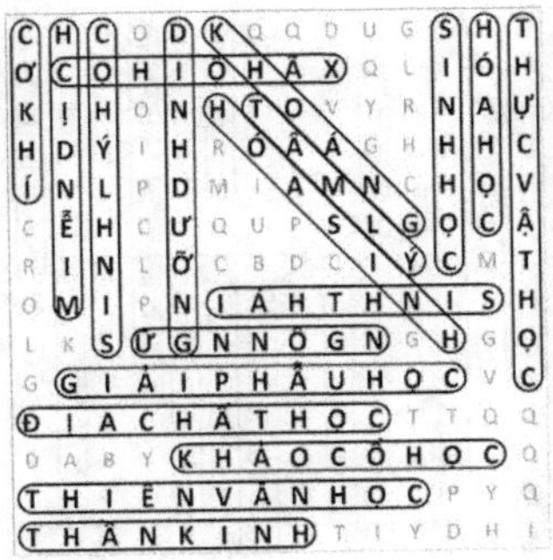

35 - Moda

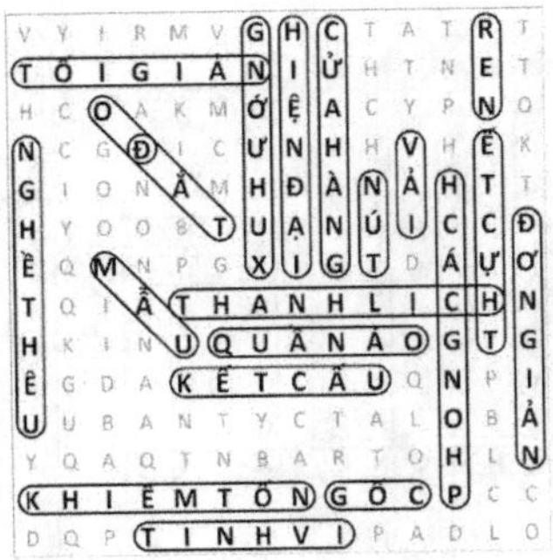

36 - Electricidad

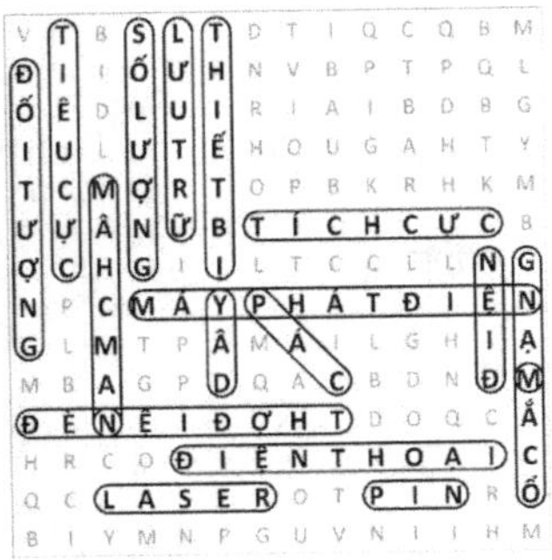

37 - Salud y Bienestar #1

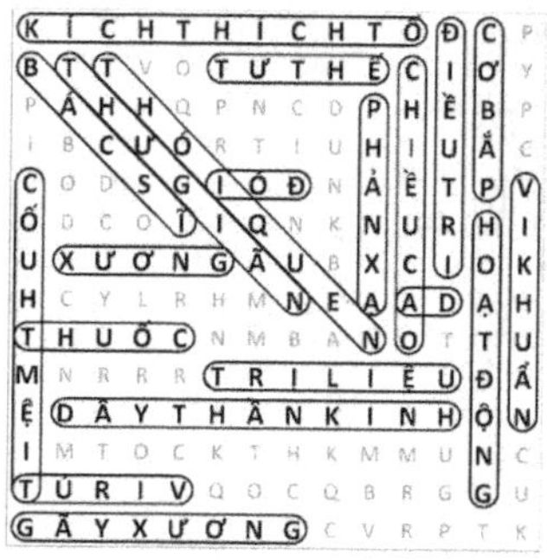

38 - Adjetivos #2

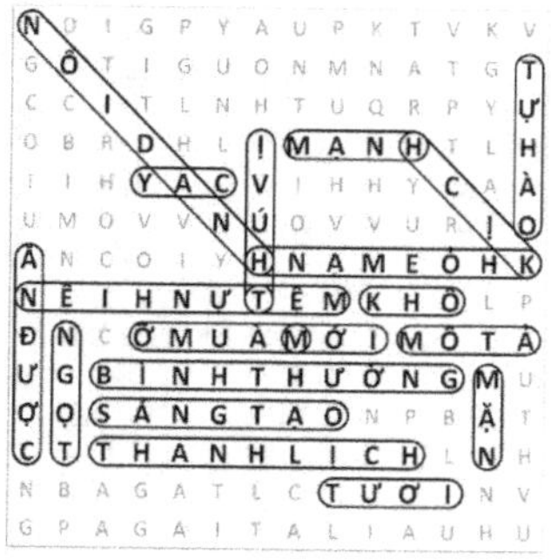

39 - Cuerpo Humano

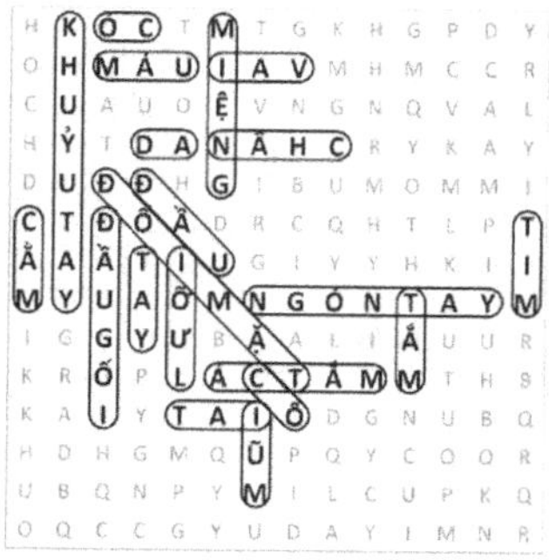

40 - Ciencia

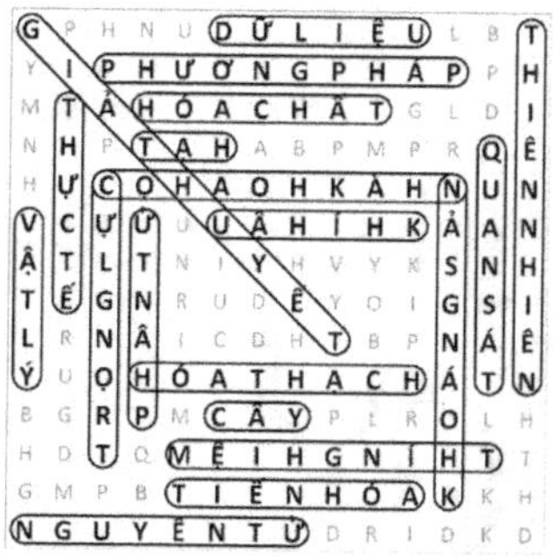

41 - Restaurante #2

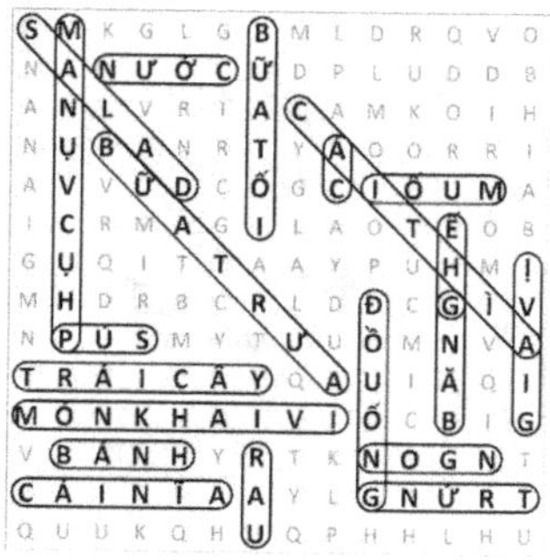

42 - Profesiones #1

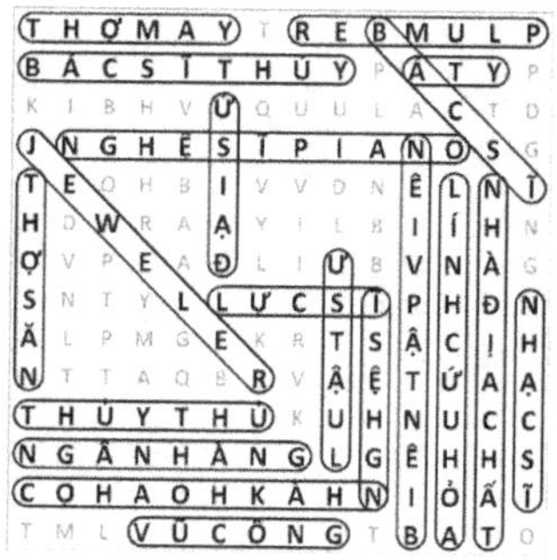

43 - Vehículos

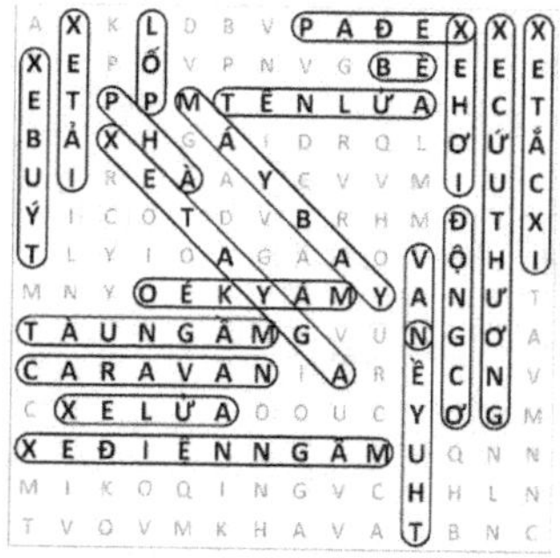

44 - Geometría

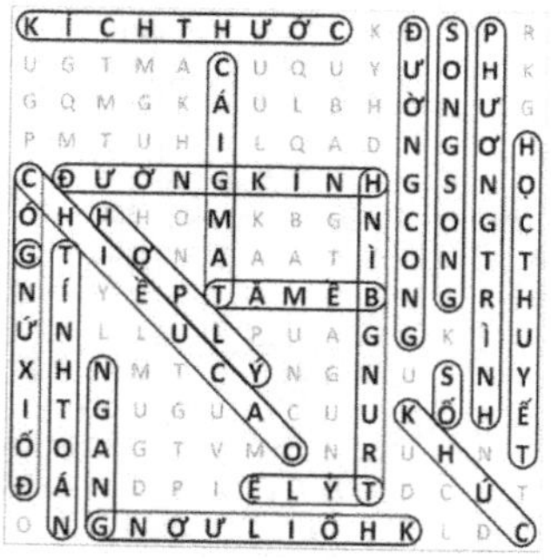

45 - Vacaciones #2

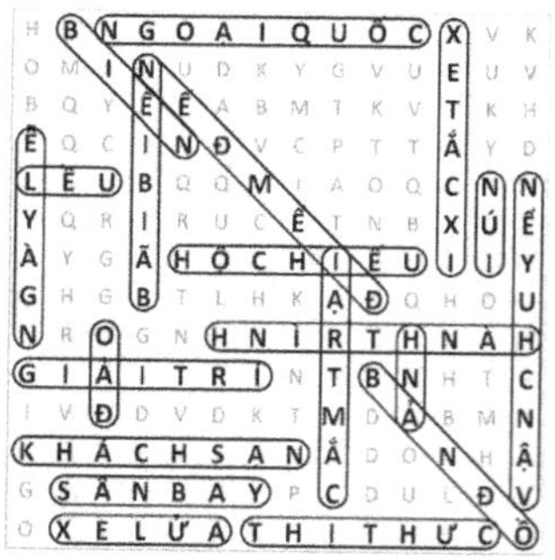

46 - Baile

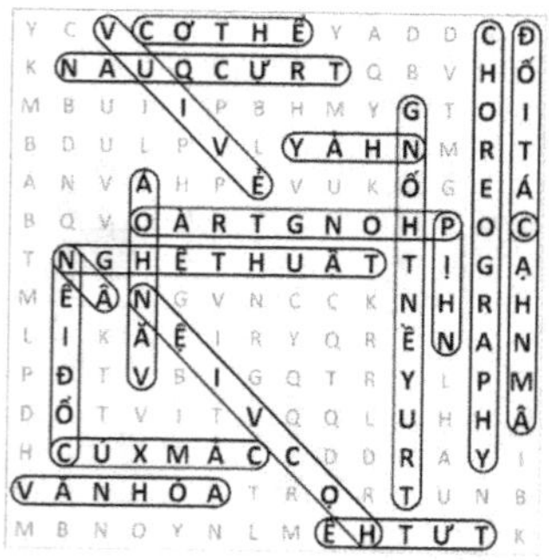

47 - Matemáticas

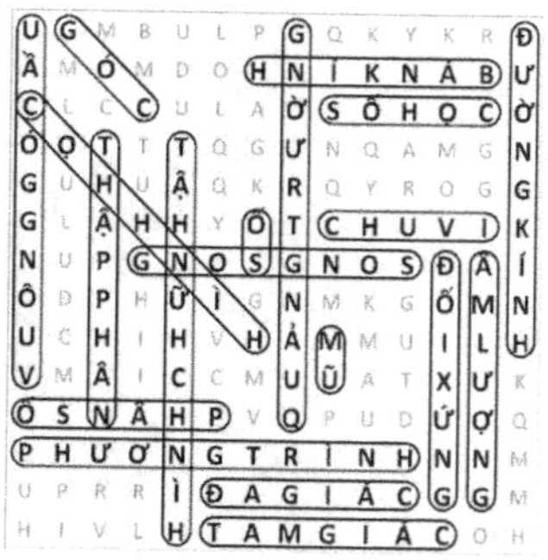

48 - Senderismo

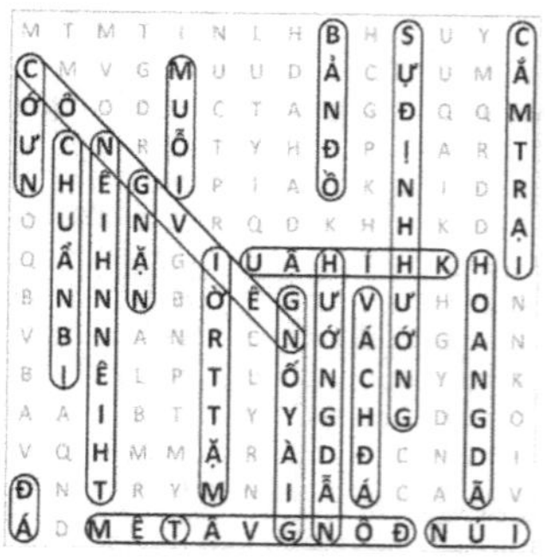

49 - Naturaleza

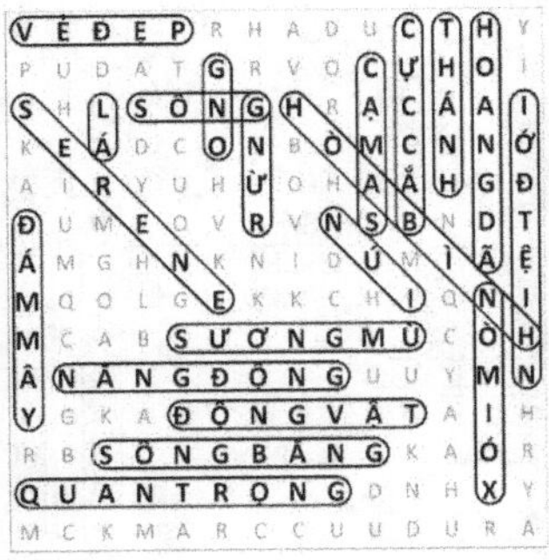

50 - Conduciendo

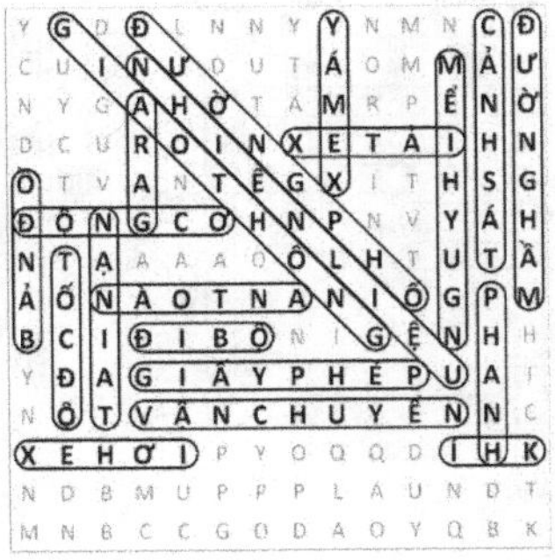

51 - Fuerza y Gravedad

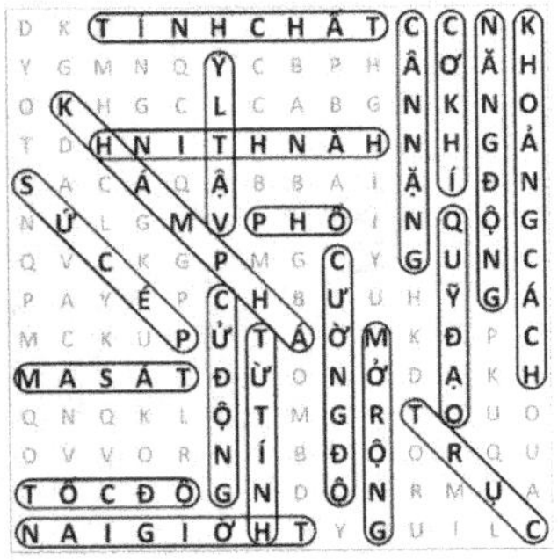

52 - Pájaros

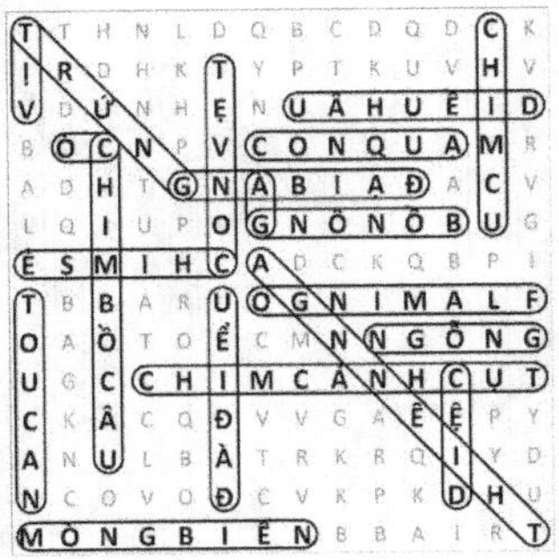

53 - Geografía

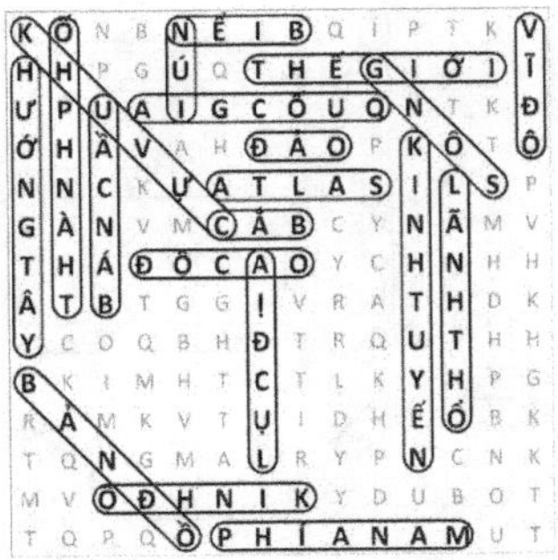

54 - Música

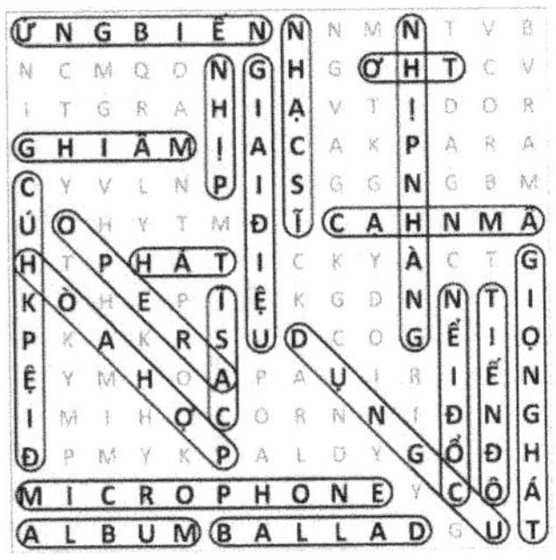

55 - Actividades

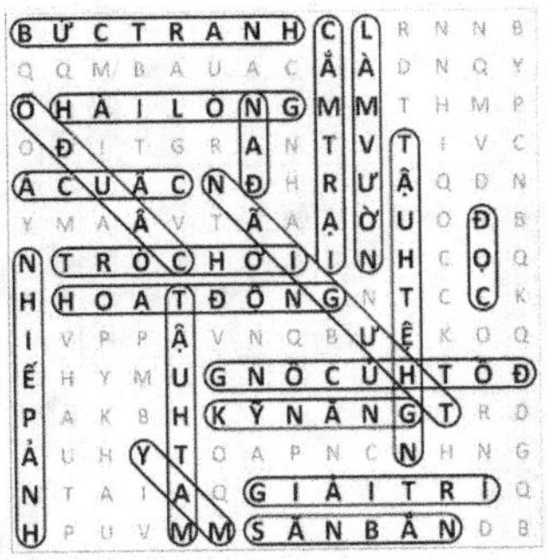

56 - Verduras

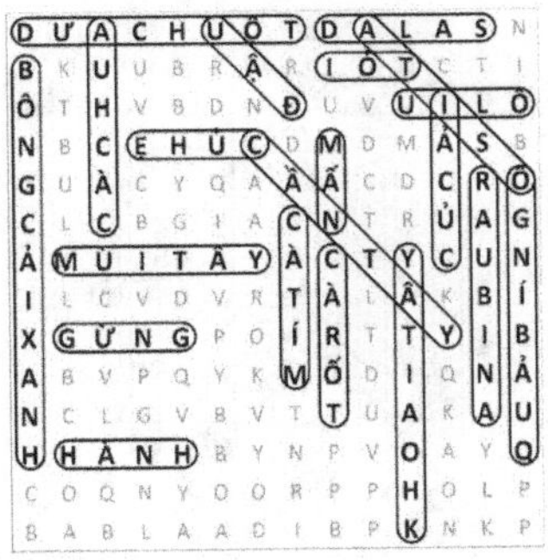

57 - Instrumentos Musicales

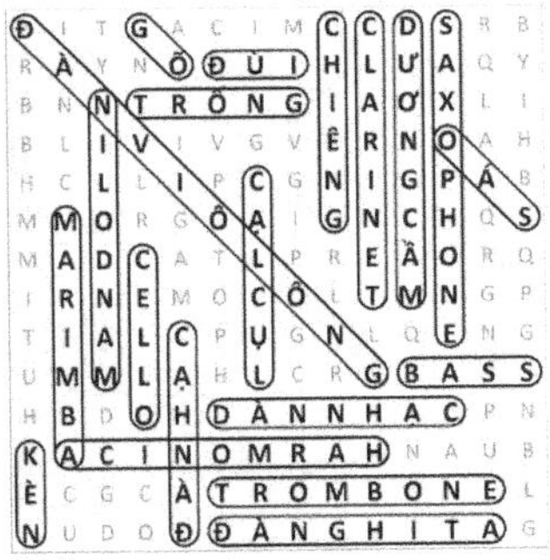

58 - Formas

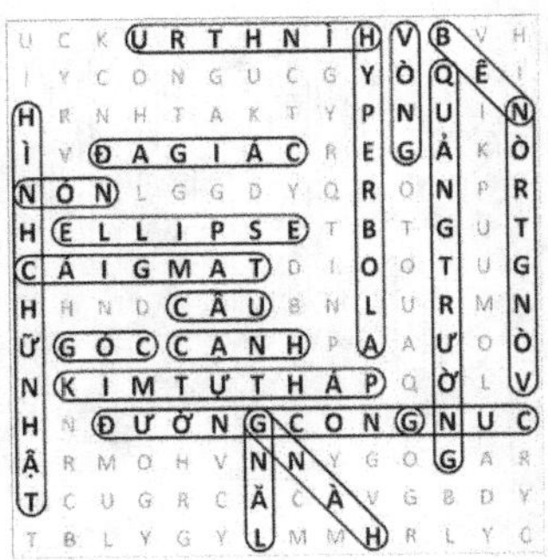

59 - Flores

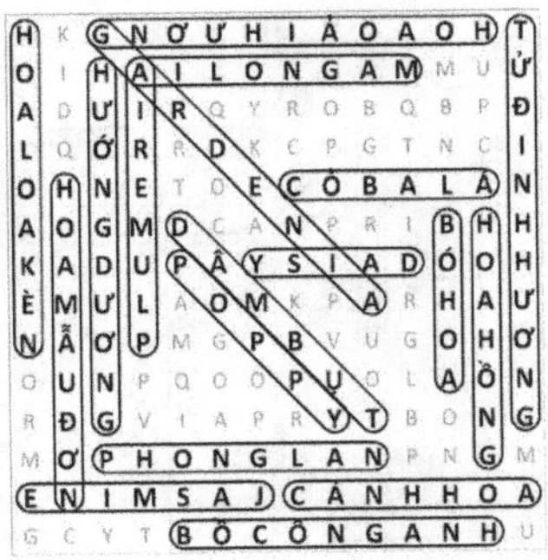

60 - Astronomía

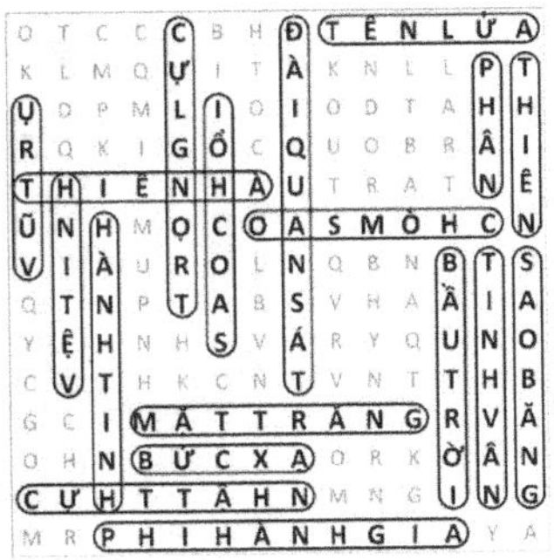

61 - Tiempo

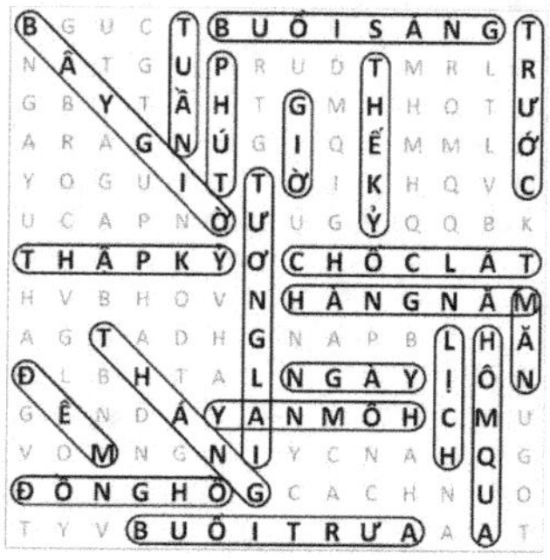

62 - Paisajes

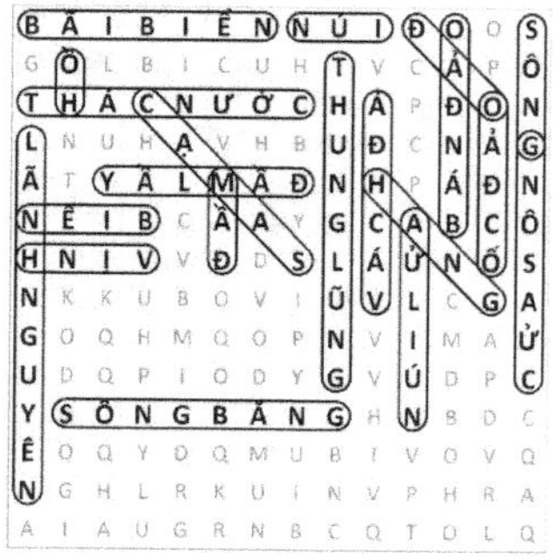

63 - Días y Meses

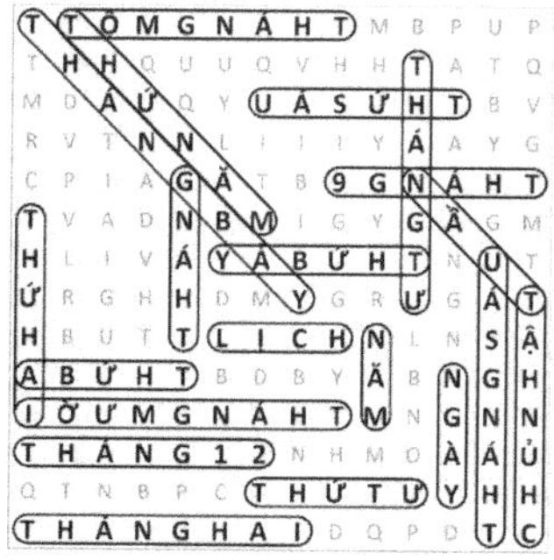

64 - Jardinería

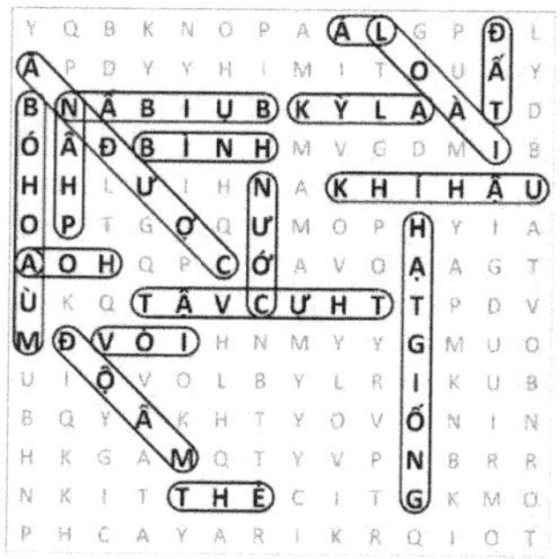

65 - Chocolate

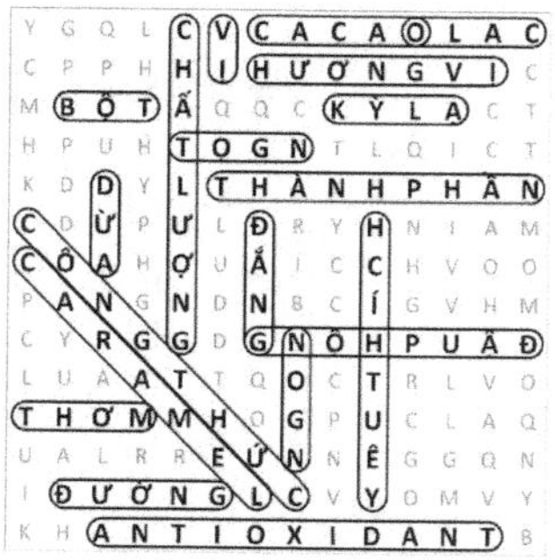

66 - Barbacoas

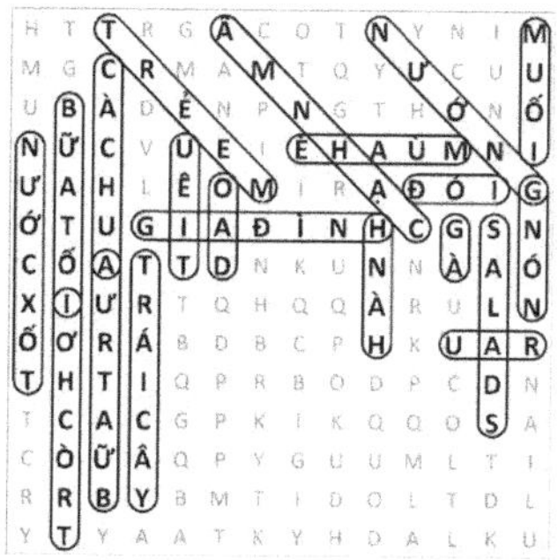

67 - Ropa

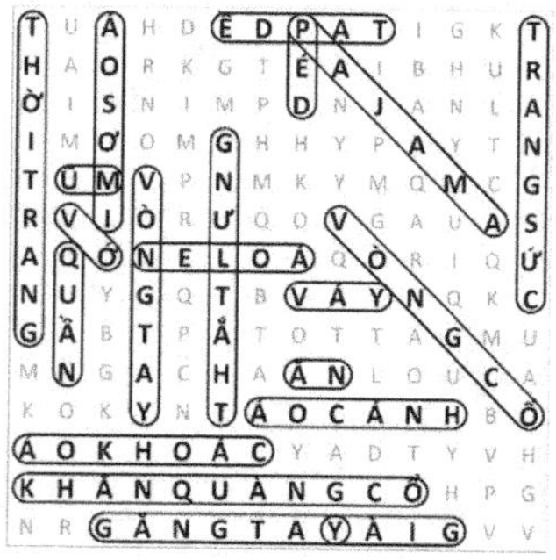

68 - Meditación

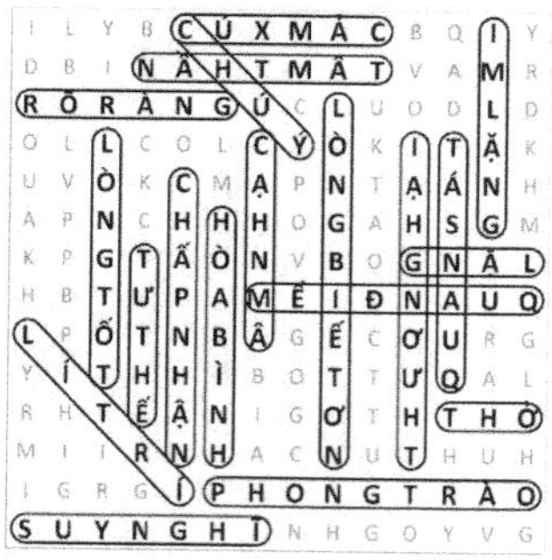

69 - Café

70 - Libros

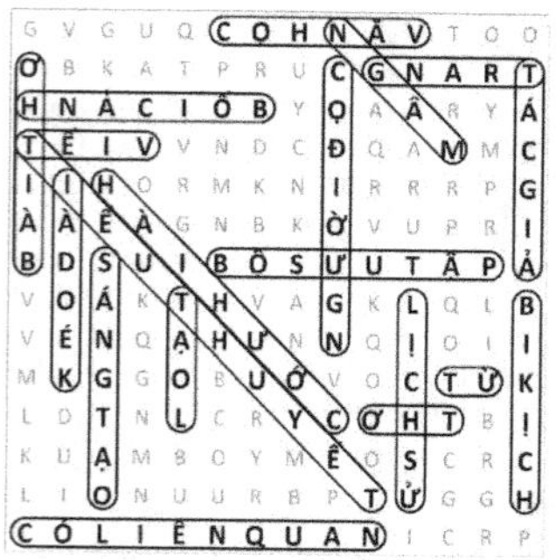

71 - Los Medios de Comunicación

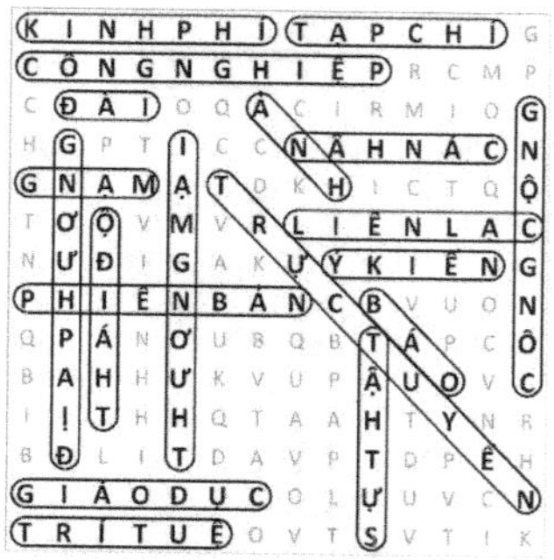

72 - Nutrición

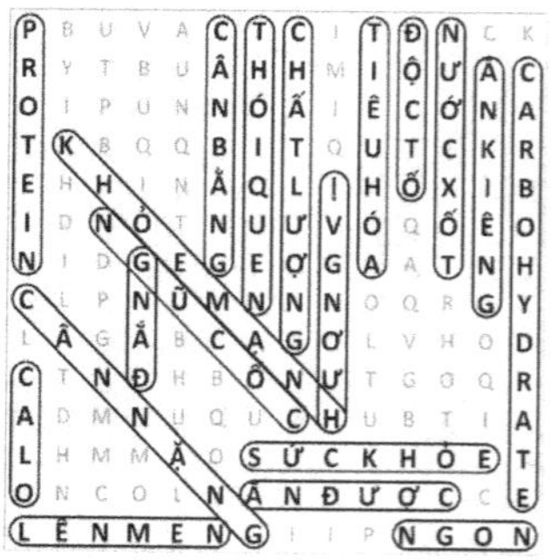

73 - Edificios

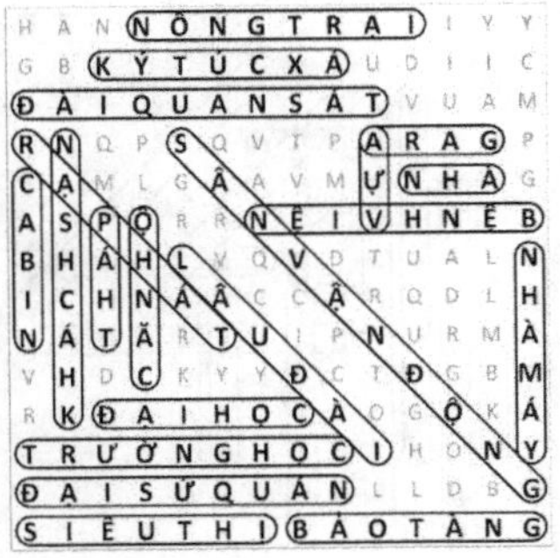

74 - Océano

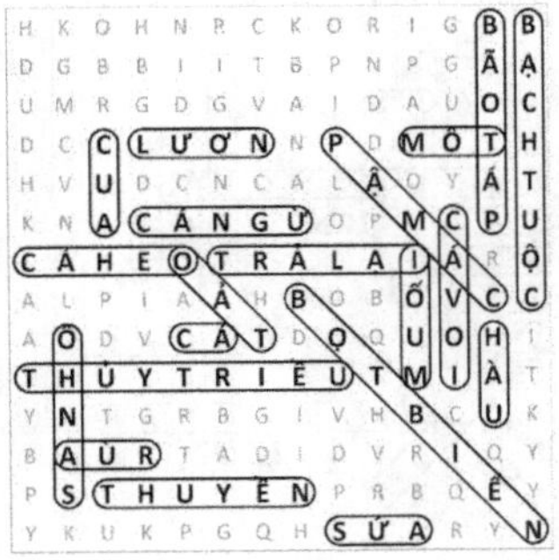

75 - Actividades y Ocio

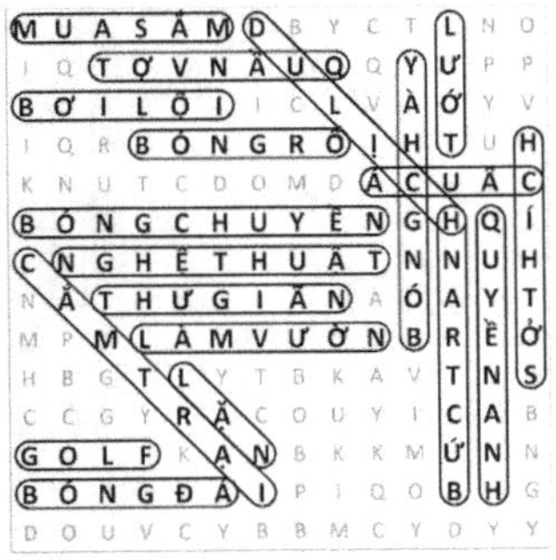

76 - Ingeniería

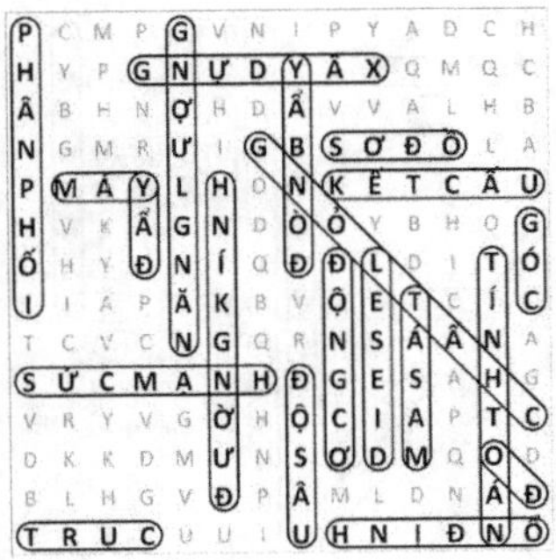

77 - Comida #1

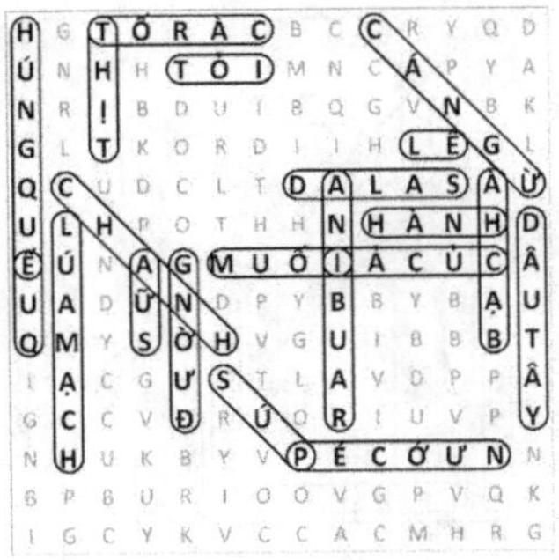

78 - Virtudes #1

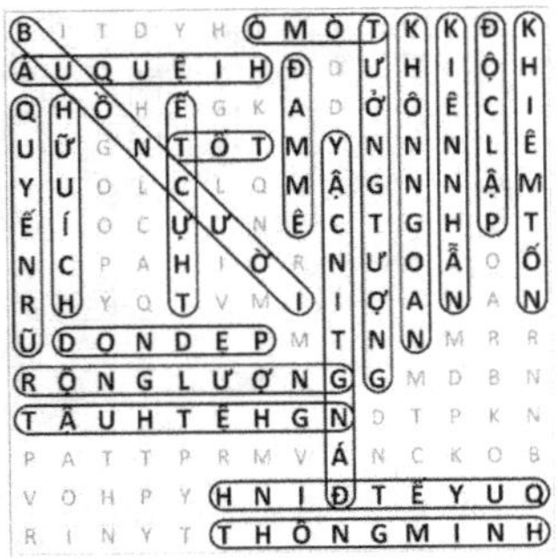

79 - Antigüedades

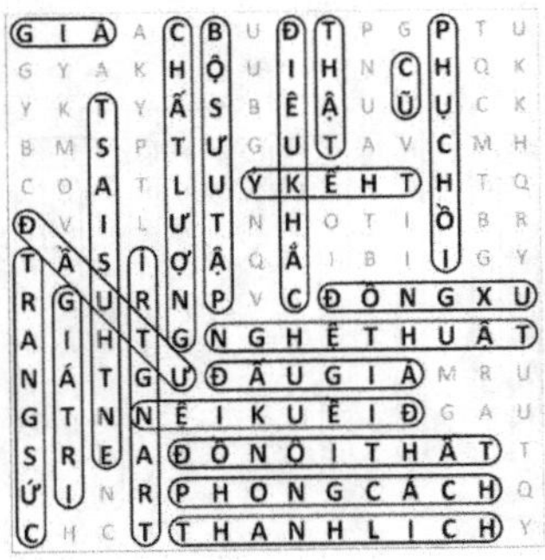

80 - Literatura

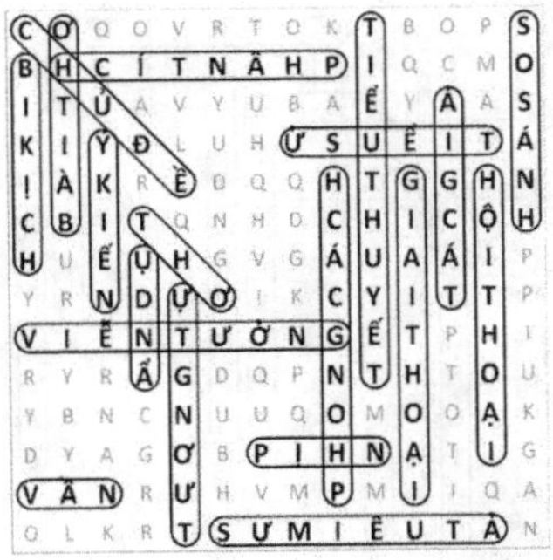

81 - Química

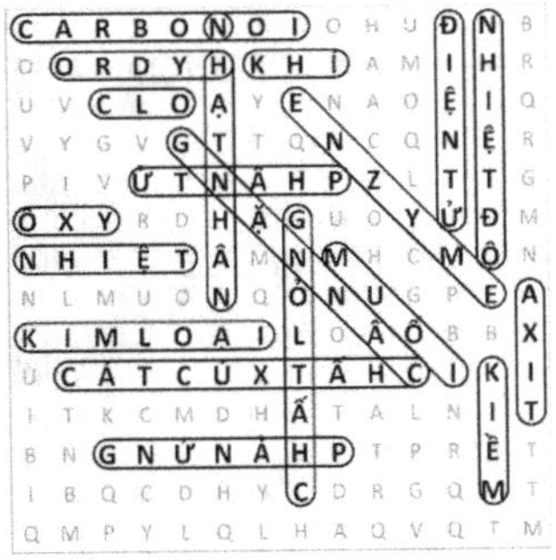

82 - Gobierno

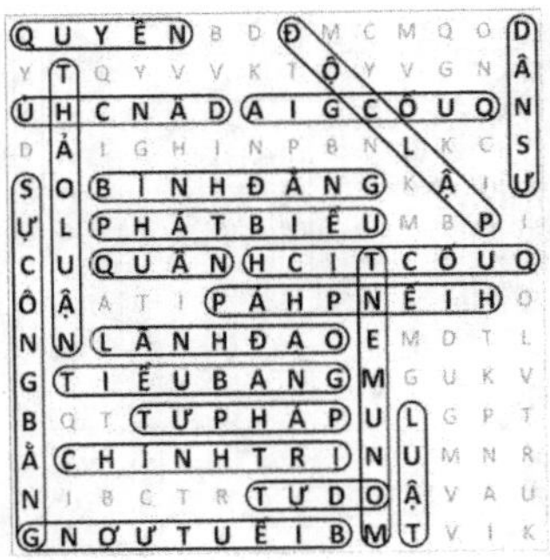

83 - Creatividad

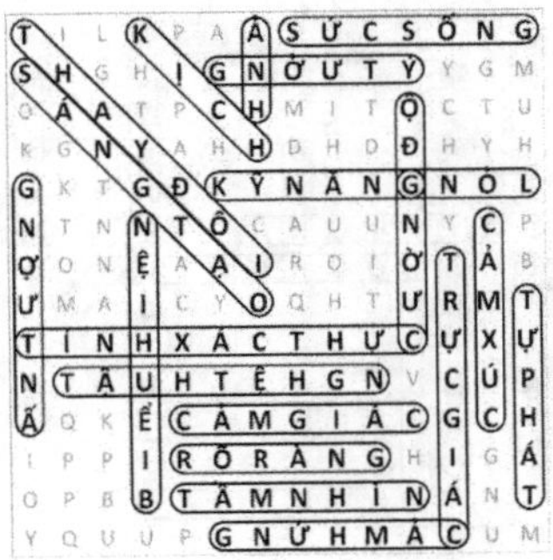

84 - Filantropía

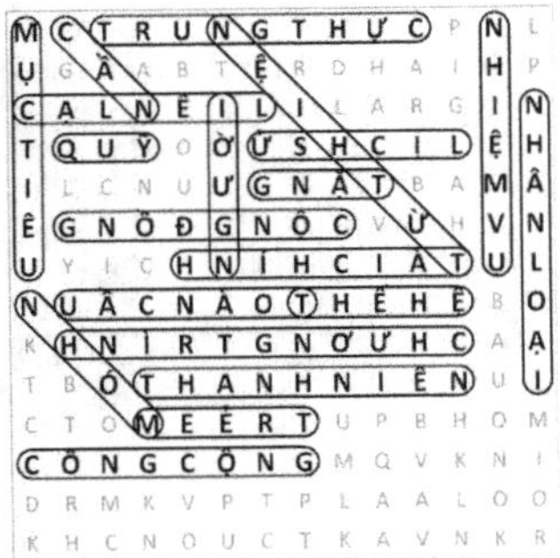

85 - Clima

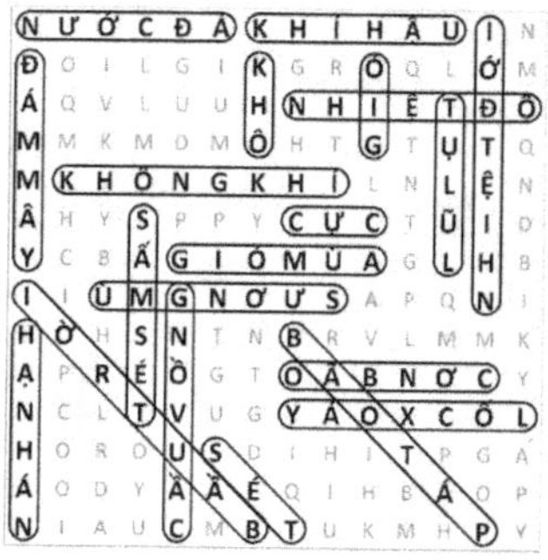

86 - Comida #2

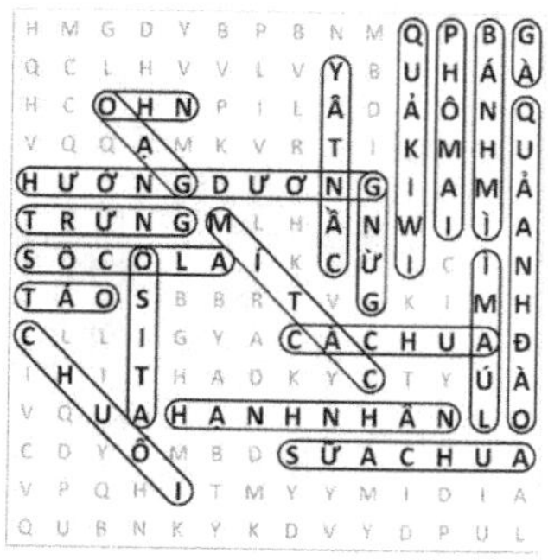

87 - Diplomacia

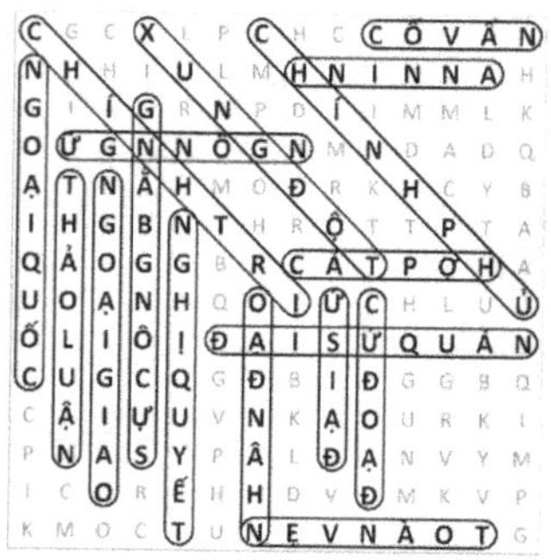

88 - Herboristería

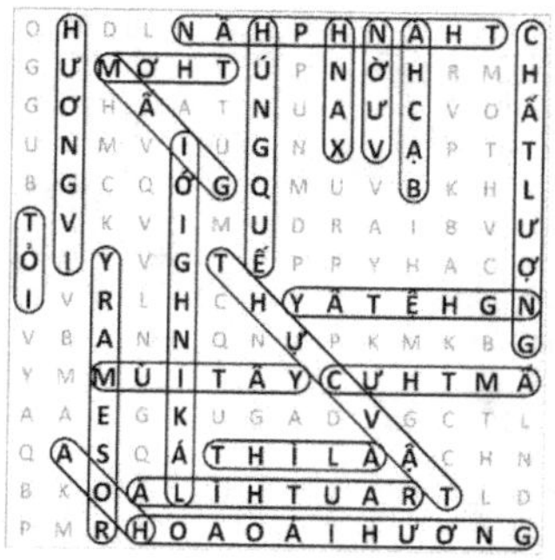

89 - Energía

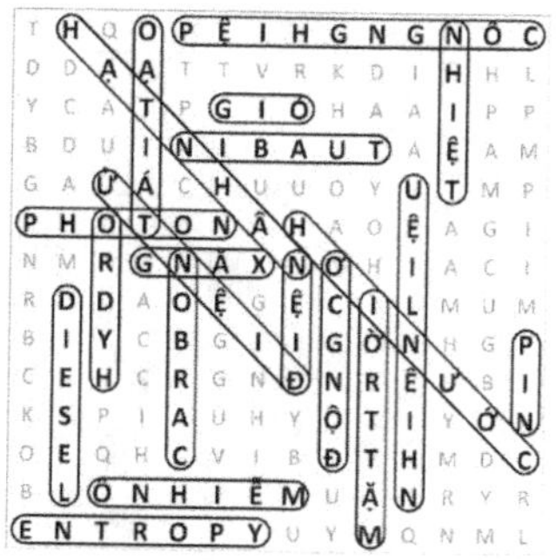

90 - Insectos

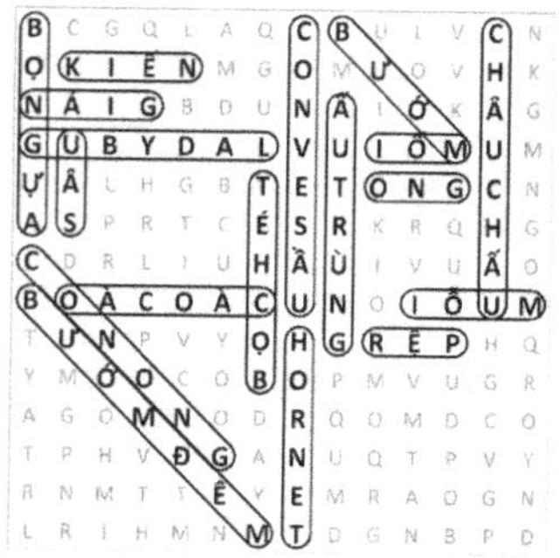

91 - Especias

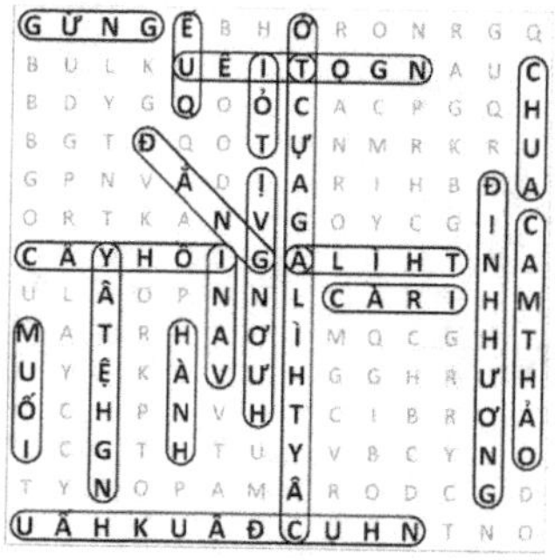

92 - Emociones

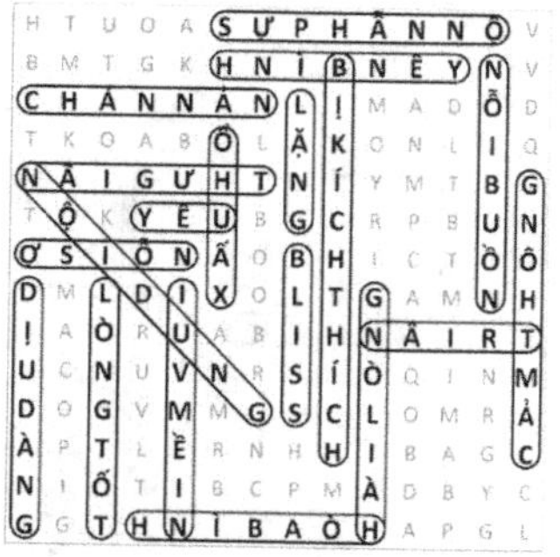

93 - Jazz

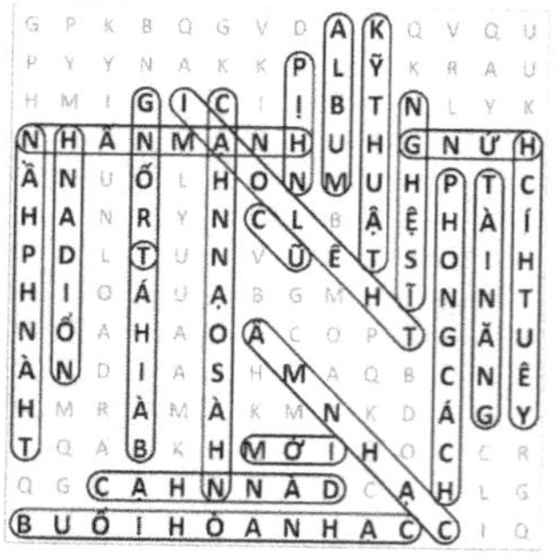

94 - Mediciones

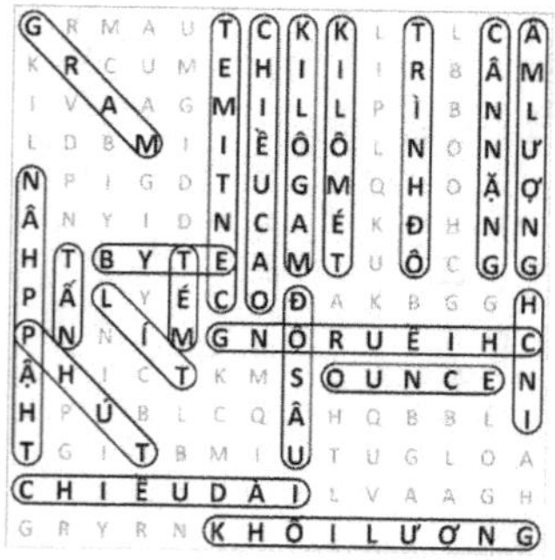

95 - Barcos

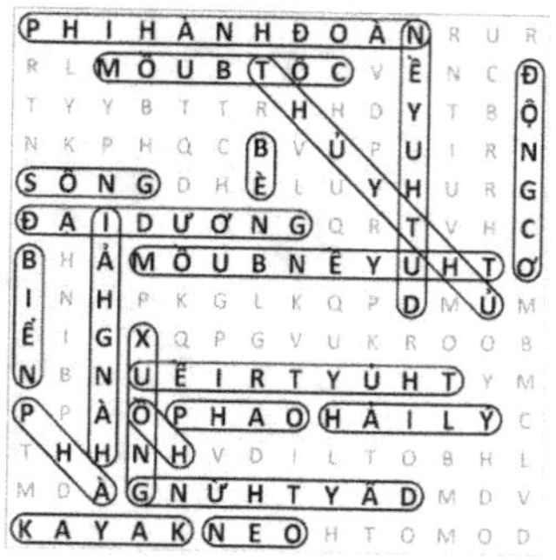

96 - Antártida

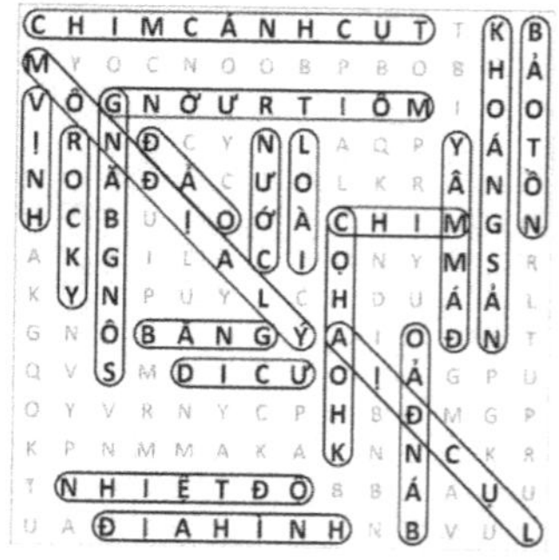

97 - Mamíferos

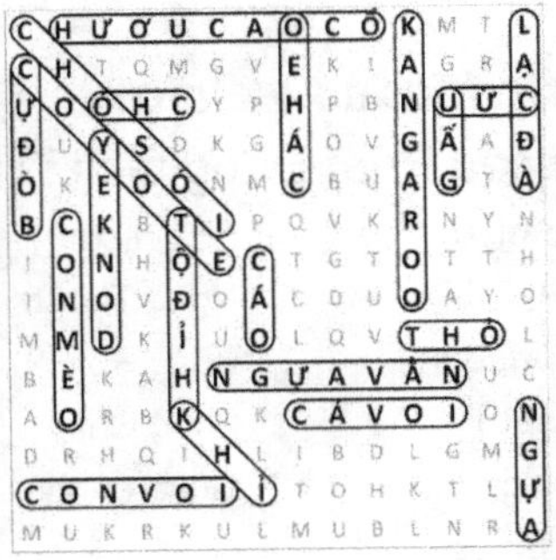

98 - Boxeo

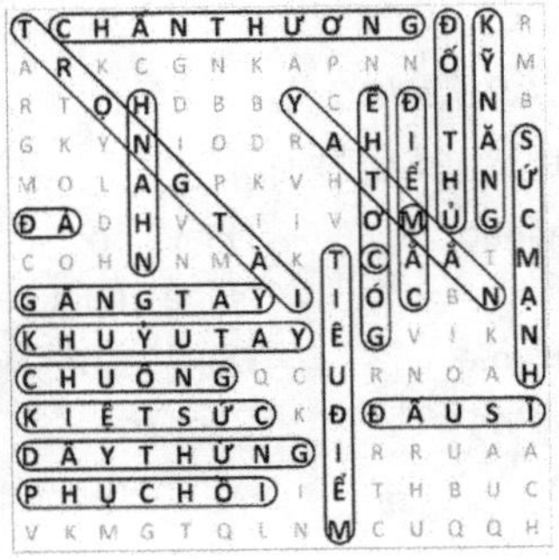

99 - Abejas

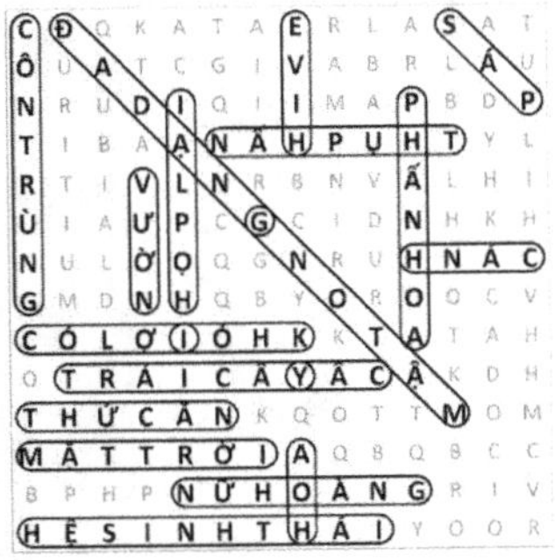

100 - Psicología

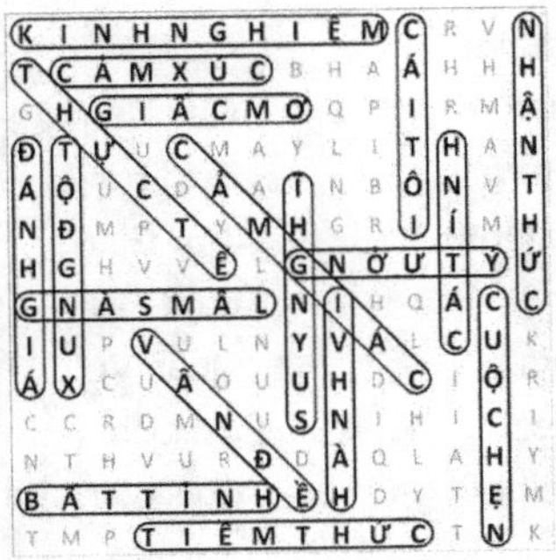

Diccionario

Abejas
Những con Ong

Alas	Cánh
Beneficioso	Có Lợi
Cera	Sáp
Colmena	Hive
Comida	Thức Ăn
Diversidad	Đa Dạng
Ecosistema	Hệ Sinh Thái
Enjambre	Họp Lại
Flores	Hoa
Fruta	Trái Cây
Humo	Khói
Insecto	Côn Trùng
Jardín	Vườn
Miel	Mật Ong
Plantas	Cây
Polen	Phấn Hoa
Polinizador	Thụ Phấn
Reina	Nữ Hoàng
Sol	Mặt Trời

Actividades
Các Hoạt Động

Actividad	Hoạt Động
Arte	Nghệ Thuật
Artesanía	Đồ thủ Công
Camping	Cắm Trại
Caza	Săn Bắn
Costura	May
Fotografía	Nhiếp Ảnh
Habilidad	Kỹ Năng
Jardinería	Làm Vườn
Juegos	Trò Chơi
Lectura	Đọc
Magia	Ma Thuật
Ocio	Giải Trí
Pesca	Câu Cá
Pintura	Bức Tranh
Placer	Hài Lòng
Relajación	Thư Giãn
Rompecabezas	Câu Đố
Tejer	Đan

Actividades y Ocio
Và các Hoạt Động Giải Trí

Aficiones	Sở Thích
Arte	Nghệ Thuật
Baloncesto	Bóng Rổ
Béisbol	Bóng Chày
Boxeo	Quyền Anh
Buceo	Lặn
Camping	Cắm Trại
Compras	Mua Sắm
Fútbol	Bóng Đá
Golf	Golf
Jardinería	Làm Vườn
Natación	Bơi Lội
Pesca	Câu Cá
Pintura	Bức Tranh
Relajante	Thư Giãn
Surf	Lướt
Tenis	Quần Vợt
Viaje	Du Lịch
Voleibol	Bóng Chuyền

Adjetivos #1
Tính từ số 1

Absoluto	Tuyệt Đối
Activo	Hoạt Động
Ambicioso	Đầy Tham Vọng
Aromático	Thơm
Atractivo	Hấp Dẫn
Brillante	Sáng
Enorme	Khổng Lồ
Generoso	Rộng Lượng
Grande	Lớn
Honesto	Trung Thực
Importante	Quan Trọng
Inocente	Vô Tội
Joven	Trẻ
Lento	Chậm
Moderno	Hiện Đại
Oscuro	Tối
Perfecto	Hoàn Hảo
Pesado	Nặng
Serio	Nghiêm Trọng
Valioso	Quý

Adjetivos #2
Tính từ số 2

Cansado	Mệt
Comestible	Ăn Được
Creativo	Sáng Tạo
Descriptivo	Mô Tả
Dramático	Kịch
Dulce	Ngọt
Elegante	Thanh Lịch
Famoso	Nổi Danh
Fresco	Tươi
Fuerte	Mạnh
Interesante	Thú Vị
Natural	Tự Nhiên
Normal	Bình Thường
Nuevo	Mới
Orgulloso	Tự Hào
Picante	Cay
Productivo	Màu Mỡ
Salado	Mặn
Saludable	Khỏe Mạnh
Seco	Khô

Agua
Nước

Canal	Kênh
Ducha	Vòi hoa Sen
Evaporación	Bay Hơi
Géiser	Geyser
Helada	Sương Giá
Hielo	Nước Đá
Humedad	Độ Ẩm
Huracán	Cơn Bão
Inundación	Lũ Lụt
Lago	Hồ
Lluvia	Mưa
Monzón	Gió Mùa
Nieve	Tuyết
Océano	Đại Dương
Olas	Sóng
Potable	Uống
Riego	Thủy Lợi
Río	Sông
Vapor	Hơi Nước

Ajedrez
Cờ Vua

Blanco	Trắng
Campeón	Quán Quân
Concurso	Cuộc Thi
Diagonal	Đường Chéo
Estrategia	Chiến Lược
Inteligente	Thông Minh
Juego	Trò Chơi
Jugador	Người Chơi
Negro	Đen
Oponente	Đối Thủ
Pasivo	Thụ Động
Puntos	Điểm
Reglas	Quy Tắc
Reina	Nữ Hoàng
Rey	Vua
Sacrificio	Hy Sinh
Tiempo	Thời Gian
Torneo	Giải Đấu

Antártida
Nam Cực

Agua	Nước
Bahía	Vịnh
Científico	Khoa Học
Conservación	Bảo Tồn
Continente	Lục Địa
Especie	Loài
Geografía	Môn địa Lý
Glaciares	Sông Băng
Hielo	Băng
Islas	Đảo
Medio Ambiente	Môi Trường
Migración	Di Cư
Minerales	Khoáng Sản
Nubes	Đám Mây
Pájaros	Chim
Península	Bán Đảo
Pingüinos	Chim Cánh Cụt
Rocoso	Rocky
Temperatura	Nhiệt Độ
Topografía	Địa Hình

Antigüedades
Đồ Cổ

Arte	Nghệ Thuật
Auténtico	Thật
Calidad	Chất Lượng
Condición	Điều Kiện
Decorativo	Trang Trí
Elegante	Thanh Lịch
Entusiasta	Enthusiast
Escultura	Điêu Khắc
Estilo	Phong Cách
Galería	Bộ sưu Tập
Inversión	Đầu Tư
Joyas	Trang Sức
Monedas	Đồng Xu
Mueble	Đồ nội Thất
Precio	Giá
Restauración	Phục Hồi
Siglo	Thế Kỷ
Subasta	Đấu Giá
Valor	Giá Trị
Viejo	Cũ

Arqueología
Khảo cổ Học

Análisis	Phân Tích
Antiguo	Cổ
Años	Năm
Cerámica	Đồ Gốm
Civilización	Nền văn Minh
Desconocido	Không Rõ
Equipo	Đội
Era	Kỷ Nguyên
Evaluación	Đánh Giá
Experto	Chuyên Gia
Fósil	Hóa Thạch
Fragmentos	Mảnh
Huesos	Xương
Misterio	Bí Ẩn
Objetos	Đối Tượng
Olvidado	Quên
Profesor	Giáo Sư
Reliquia	Di Tích
Templo	Ngôi Đền
Tumba	Mộ

Artes Visuales
Nghệ Thuật thị Giác

Arcilla	Đất Sét
Arquitectura	Kiến Trúc
Artista	Nghệ Sĩ
Caballete	Vẽ
Cera	Sáp
Cerámica	Đồ Gốm
Composición	Thành Phần
Creatividad	Sáng Tạo
Escultura	Điêu Khắc
Fotografía	Ảnh Chụp
Lápiz	Bút Chì
Obra Maestra	Kiệt Tác
Película	Phim Ảnh
Perspectiva	Quan Điểm
Pintura	Bức Tranh
Plantilla	Giấy Nến
Pluma	Cái Bút
Retrato	Chân Dung
Tiza	Phấn

Astronomía
Thiên văn Học

Astronauta	Phi Hành Gia
Celestial	Thiên
Cielo	Bầu Trời
Cohete	Tên Lửa
Cometa	Sao Chổi
Constelación	Chòm Sao
Cosmos	Vũ Trụ
Eclipse	Nhật Thực
Equinoccio	Phân
Galaxia	Thiên Hà
Gravedad	Trọng Lực
Luna	Mặt Trăng
Meteoro	Sao Băng
Nebulosa	Tinh Vân
Observatorio	Đài Quan Sát
Planeta	Hành Tinh
Radiación	Bức Xạ
Satélite	Vệ Tinh
Supernova	Siêu tân Tinh
Tierra	Trái Đất

Aviones
Máy Bay

Aire	Không Khí
Altitud	Độ Cao
Altura	Chiều Cao
Aterrizaje	Đổ Bộ
Cielo	Bầu Trời
Clima	Thời Tiết
Combustible	Nhiên Liệu
Construcción	Xây Dựng
Descenso	Hạ Xuống
Dirección	Hướng
Diseño	Thiết Kế
Globo	Bóng
Hélices	Cánh Quạt
Hidrógeno	Hydro
Historia	Lịch Sử
Motor	Động Cơ
Pasajero	Hành Khách
Piloto	Phi Công
Tripulación	Phi Hành Đoàn
Turbulencia	Nhiễu Loạn

Álgebra
Đại số Học

Cantidad	Số Lượng
Cero	Số Không
Diagrama	Sơ Đồ
Ecuación	Phương Trình
Exponente	Mũ
Factor	Tố
Falso	Sai
Fórmula	Công Thức
Fracción	Phân Số
Infinito	Vô Hạn
Lineal	Tuyến Tính
Matriz	Ma Trận
Número	Số
Paréntesis	Ngoặc
Problema	Vấn Đề
Resolver	Giải Quyết
Resta	Phép Trừ
Simplificar	Đơn Giản Hóa
Solución	Giải Pháp
Variable	Biến

Baile
Nhảy

Academia	Học Viện
Alegre	Vui Vẻ
Arte	Nghệ Thuật
Clásico	Cổ Điển
Coreografía	Choreography
Cuerpo	Cơ Thể
Cultura	Văn Hoá
Cultural	Văn Hóa
Emoción	Cảm Xúc
Gracia	Ân
Movimiento	Phong Trào
Música	Âm Nhạc
Postura	Tư Thế
Ritmo	Nhịp
Saltar	Nhảy
Socio	Đối Tác
Tradicional	Truyền Thống
Visual	Trực Quan

Barbacoas
Ăn Thịt Nướng

Almuerzo	Bữa Trưa
Caliente	Nóng
Cebollas	Hành
Cena	Bữa Tối
Cuchillos	Dao
Ensaladas	Salads
Familia	Gia Đình
Fruta	Trái Cây
Hambre	Đói
Juegos	Trò Chơi
Música	Âm Nhạc
Niños	Trẻ Em
Parrilla	Nướng
Pimienta	Tiêu
Pollo	Gà
Sal	Muối
Salsa	Nước Xốt
Tomates	Cà Chua
Verano	Mùa Hè
Verduras	Rau

Barcos
Thuyền

Ancla	Neo
Balsa	Bè
Boya	Phao
Canoa	Xuồng
Cuerda	Dây Thừng
Ferry	Phà
Kayak	Kayak
Lago	Hồ
Mar	Biển
Marea	Thủy Triều
Marinero	Thủy Thủ
Marítimo	Hàng Hải
Mástil	Cột Buồm
Motor	Động Cơ
Náutico	Hải Lý
Océano	Đại Dương
Río	Sông
Tripulación	Phi Hành Đoàn
Velero	Thuyền Buồm
Yate	Du Thuyền

Belleza
Sắc Đẹp

Aceites	Dầu
Champú	Dầu Gội
Color	Màu
Cosméticos	Mỹ Phẩm
Elegancia	Sang Trọng
Elegante	Thanh Lịch
Encanto	Quyến Rũ
Espejo	Gương
Estilista	Stylist
Fotogénico	Ăn Ảnh
Fragancia	Hương Thơm
Gracia	Ân
Maquillaje	Trang Điểm
Piel	Da
Pintalabios	Son Môi
Rizos	Curls
Rímel	Mascara
Servicios	Dịch Vụ
Suave	Mịn
Tijeras	Kéo

Boxeo
Quyền Anh

Árbitro	Trọng Tài
Barbilla	Cằm
Campana	Chuông
Centrar	Tiêu Điểm
Codo	Khuỷu Tay
Cuerdas	Dây Thừng
Cuerpo	Cơ Thể
Esquina	Góc
Exhausto	Kiệt Sức
Fuerza	Sức Mạnh
Guantes	Găng Tay
Habilidad	Kỹ Năng
Lesiones	Chấn Thương
Luchador	Đấu Sĩ
Oponente	Đối Thủ
Patear	Đá
Puntos	Điểm
Puño	Nắm Tay
Rápido	Nhanh
Recuperación	Phục Hồi

Café
Cà Phê

Agua	Nước
Amargo	Đắng
Aroma	Thơm
Asado	Rang
Azúcar	Đường
Beber	Uống
Bebida	Đồ Uống
Cafeína	Caffeine
Crema	Kem
Filtro	Bộ Lọc
Leche	Sữa
Líquido	Chất Lỏng
Mañana	Buổi Sáng
Moler	Xay
Negro	Đen
Origen	Gốc
Precio	Giá
Sabor	Hương Vị
Taza	Cốc

Camping
Cắm Trại

Animales	Động Vật
Árboles	Cây
Bosque	Rừng
Brújula	La Bàn
Cabina	Cabin
Canoa	Xuồng
Carpa	Lều
Caza	Săn Bắn
Cuerda	Dây Thừng
Equipo	Thiết Bị
Fuego	Lửa
Hamaca	Võng
Insecto	Côn Trùng
Lago	Hồ
Linterna	Đèn Lồng
Luna	Mặt Trăng
Mapa	Bản Đồ
Montaña	Núi
Naturaleza	Thiên Nhiên
Sombrero	Mũ

Casa
Nhà Ở

Alfombra	Thảm
Ático	Gác Xép
Biblioteca	Thư Viện
Chimenea	Ống Khói
Cocina	Nhà Bếp
Dormitorio	Phòng Ngủ
Ducha	Vòi hoa Sen
Escoba	Chổi
Espejo	Gương
Garaje	Ga-Ra
Grifo	Vòi
Jardín	Vườn
Lámpara	Đèn
Pared	Tường
Piso	Sàn Nhà
Puerta	Cửa
Sótano	Tầng Hầm
Techo	Mái Nhà
Valla	Hàng Rào
Ventana	Cửa Sổ

Chocolate
Sô-Cô-La

Amargo	Đắng
Antioxidante	Antioxidant
Aroma	Thơm
Azúcar	Đường
Cacahuetes	Đậu Phộng
Cacao	Cacao
Calidad	Chất Lượng
Calorías	Calo
Caramelo	Caramel
Coco	Dừa
Delicioso	Ngon
Dulce	Ngọt
Exótico	Kỳ Lạ
Favorito	Yêu Thích
Gusto	Vị
Ingrediente	Thành Phần
Polvo	Bột
Receta	Công Thức
Sabor	Hương Vị

Ciencia
Khoa Học

Átomo	Nguyên Tử
Científico	Nhà Khoa Học
Clima	Khí Hậu
Datos	Dữ Liệu
Evolución	Tiến Hóa
Experimento	Thí Nghiệm
Física	Vật Lý
Fósil	Hóa Thạch
Gravedad	Trọng Lực
Hecho	Thực Tế
Hipótesis	Giả Thuyết
Método	Phương Pháp
Minerales	Khoáng Sản
Moléculas	Phân Tử
Naturaleza	Thiên Nhiên
Observación	Quan Sát
Partículas	Hạt
Plantas	Cây
Químico	Hóa Chất

Ciencia Ficción
Khoa học Viễn Tưởng

Atómico	Nguyên Tử
Distante	Xa Xôi
Escenario	Kịch Bản
Explosión	Nổ
Extremo	Cực
Fantástico	Tuyệt Vời
Fuego	Lửa
Futurista	Tương Lai
Galaxia	Thiên Hà
Ilusión	Ảo Giác
Imaginario	Tưởng Tượng
Libros	Sách
Misterioso	Bí Ẩn
Mundo	Thế Giới
Novelas	Tiểu Thuyết
Oráculo	Oracle
Planeta	Hành Tinh
Realista	Thực Tế
Tecnología	Công Nghệ
Utopía	Utopia

Circo
Rạp Xiếc

Acróbata	Acrobat
Animales	Động Vật
Billete	Vé
Caramelo	Kẹo
Carpa	Lều
Elefante	Con Voi
Espectacular	Đẹp Mắt
Espectador	Khán Giả
Globos	Bóng Bay
León	Sư Tử
Magia	Ma Thuật
Malabarista	Tung Hứng
Mono	Khỉ
Mostrar	Chỉ
Música	Âm Nhạc
Tigre	Con Hổ
Traje	Trang Phục
Truco	Lừa

Clima
Thời Tiết

Arco Iris	Cầu Vồng
Atmósfera	Không Khí
Cielo	Bầu Trời
Clima	Khí Hậu
Hielo	Nước Đá
Huracán	Cơn Bão
Inundación	Lũ Lụt
Monzón	Gió Mùa
Niebla	Sương Mù
Nube	Đám Mây
Polar	Cực
Rayo	Sét
Seco	Khô
Sequía	Hạn Hán
Temperatura	Nhiệt Độ
Tormenta	Bão Táp
Tornado	Lốc Xoáy
Tropical	Nhiệt Đới
Trueno	Sấm Sét
Viento	Gió

Comida #1
Thực Phẩm #1

Ajo	Tỏi
Albahaca	Húng Quế
Atún	Cá Ngừ
Azúcar	Đường
Canela	Quế
Carne	Thịt
Cebada	Lúa Mạch
Cebolla	Hành
Ensalada	Salad
Espinacas	Rau Bina
Fresa	Dâu Tây
Jugo	Nước Ép
Leche	Sữa
Limón	Chanh
Menta	Bạc Hà
Nabo	Củ Cải
Pera	Lê
Sal	Muối
Sopa	Súp
Zanahoria	Cà Rốt

Comida #2
Thực Phẩm #2

Alcachofa	Atisô
Almendra	Hạnh Nhân
Apio	Cần Tây
Arroz	Gạo
Berenjena	Cà Tím
Cereza	Quả anh Đào
Chocolate	Sô cô La
Girasol	Hướng Dương
Huevo	Trứng
Jengibre	Gừng
Kiwi	Quả Kiwi
Manzana	Táo
Pan	Bánh Mì
Plátano	Chuối
Pollo	Gà
Queso	Phô Mai
Tomate	Cà Chua
Trigo	Lúa Mì
Uva	Nho
Yogur	Sữa Chua

Conduciendo
Điều Khiển

Accidente	Tai Nạn
Calle	Đường Phố
Camión	Xe Tải
Coche	Xe Hơi
Combustible	Nhiên Liệu
Frenos	Phanh
Garaje	Ga-Ra
Gas	Khí
Licencia	Giấy Phép
Mapa	Bản Đồ
Motocicleta	Xe Máy
Motor	Động Cơ
Peatonal	Đi Bộ
Peligro	Nguy Hiểm
Policía	Cảnh Sát
Seguridad	An Toàn
Transporte	Vận Chuyển
Tráfico	Giao Thông
Túnel	Đường Hầm
Velocidad	Tốc Độ

Creatividad
Sự Sáng Tạo

Artístico	Nghệ Thuật
Autenticidad	Tính xác Thực
Cambiando	Thay Đổi
Claridad	Rõ Ràng
Dramático	Kịch
Emociones	Cảm Xúc
Espontáneo	Tự Phát
Expresión	Biểu Hiện
Fluidez	Lỏng
Habilidad	Kỹ Năng
Ideas	Ý Tưởng
Imagen	Ảnh
Impresión	Ấn Tượng
Inspiración	Cảm Hứng
Intensidad	Cường Độ
Intuición	Trực Giác
Inventivo	Sáng Tạo
Sensación	Cảm Giác
Visiones	Tầm Nhìn
Vitalidad	Sức Sống

Cuerpo Humano
Cơ thể con Người

Barbilla	Cằm
Boca	Miệng
Cabeza	Đầu
Cara	Đối Mặt
Cerebro	Óc
Codo	Khuỷu Tay
Corazón	Tim
Cuello	Cổ
Dedo	Ngón Tay
Hombro	Vai
Lengua	Lưỡi
Mano	Tay
Nariz	Mũi
Ojo	Mắt
Oreja	Tai
Piel	Da
Pierna	Chân
Rodilla	Đầu Gối
Sangre	Máu
Tobillo	Mắt Cá

Diplomacia
Ngoại Giao

Asesor	Cố Vấn
Comunidad	Cộng Đồng
Conflicto	Xung Đột
Cooperación	Hợp Tác
Diplomático	Ngoại Giao
Discusión	Thảo Luận
Embajada	Đại sứ Quán
Embajador	Đại Sứ
Extranjero	Ngoại Quốc
Ética	Đạo Đức
Gobierno	Chính Phủ
Humanitario	Nhân Đạo
Idiomas	Ngôn Ngữ
Integridad	Toàn Vẹn
Justicia	Sự Công Bằng
Política	Chính Trị
Resolución	Nghị Quyết
Seguridad	An Ninh
Solución	Giải Pháp
Tratado	Hiệp Ước

Disciplinas Científicas
Các Ngành Khoa Học

Anatomía	Giải Phẫu Học
Arqueología	Khảo cổ Học
Astronomía	Thiên văn Học
Biología	Sinh Học
Bioquímica	Hóa Sinh
Botánica	Thực vật Học
Ecología	Sinh Thái
Fisiología	Sinh lý Học
Geología	Địa Chất Học
Inmunología	Miễn Dịch
Lingüística	Ngôn Ngữ
Mecánica	Cơ Khí
Meteorología	Khí Tượng Học
Mineralogía	Khoáng
Neurología	Thần Kinh
Nutrición	Dinh Dưỡng
Psicología	Tâm Lý
Química	Hóa Học
Sociología	Xã hội Học
Zoología	Động vật Học

Días y Meses
Ngày và Tháng

Abril	Tháng Tư
Agosto	Ngày
Año	Năm
Calendario	Lịch
Diciembre	Tháng 12
Domingo	Chủ Nhật
Enero	Tháng Một
Febrero	Tháng Hai
Jueves	Thứ Năm
Julio	Tháng Bảy
Junio	Tháng Sáu
Lunes	Thứ Hai
Martes	Thứ Ba
Mes	Tháng
Miércoles	Thứ Tư
Octubre	Tháng Mười
Sábado	Thứ Bảy
Semana	Tuần
Septiembre	Tháng 9
Viernes	Thứ Sáu

Ecología
Sinh Thái Học

Clima	Khí Hậu
Comunidades	Cộng Đồng
Diversidad	Đa Dạng
Especie	Loài
Fauna	Động Vật
Flora	Flora
Global	Toàn Cầu
Marino	Biển
Montañas	Núi
Natural	Tự Nhiên
Naturaleza	Thiên Nhiên
Pantano	Marsh
Plantas	Cây
Recursos	Tài Nguyên
Sequía	Hạn Hán
Sostenible	Bền Vững
Supervivencia	Sự Sống Còn
Vegetación	Thực Vật

Edificios
Các tòa Nhà

Albergue	Ký túc Xá
Apartamento	Căn Hộ
Cabina	Cabin
Casa	Nhà
Castillo	Lâu Đài
Embajada	Đại sứ Quán
Escuela	Trường Học
Estadio	Sân vận Động
Fábrica	Nhà Máy
Garaje	Ga-Ra
Granero	Vựa
Granja	Nông Trại
Hospital	Bệnh Viện
Hotel	Khách Sạn
Museo	Bảo Tàng
Observatorio	Đài Quan Sát
Supermercado	Siêu Thị
Teatro	Rạp Hát
Torre	Tháp
Universidad	Đại Học

Electricidad
Điện

Almacenamiento	Lưu Trữ
Batería	Pin
Cable	Cáp
Cables	Dây
Cantidad	Số Lượng
Electricista	Thợ Điện
Eléctrico	Điện
Enchufe	Ổ Cắm
Equipo	Thiết Bị
Generador	Máy Phát Điện
Imán	Nam Châm
Lámpara	Đèn
Láser	Laser
Negativo	Tiêu Cực
Objetos	Đối Tượng
Positivo	Tích Cực
Red	Mạng
Teléfono	Điện Thoại

Emociones
Những cảm Xúc

Aburrimiento	Chán Nản
Agradecido	Tri Ân
Alegría	Niềm Vui
Amor	Yêu
Avergonzado	Xấu Hổ
Beatitud	Bliss
Bondad	Lòng Tốt
Calma	Lặng
Contenido	Nội Dung
Emocionado	Bị Kích Thích
Ira	Sự Phẫn Nộ
Miedo	Nỗi Sợ
Paz	Hòa Bình
Relajado	Thư Giãn
Satisfecho	Hài Lòng
Simpatía	Cảm Thông
Ternura	Dịu Dàng
Tranquilidad	Yên Bình
Tristeza	Nỗi Buồn

Energía
Năng Lượng

Batería	Pin
Calor	Nhiệt
Carbono	Carbon
Combustible	Nhiên Liệu
Contaminación	Ô Nhiễm
Diesel	Diesel
Electrón	Điện Tử
Eléctrico	Điện
Entropía	Entropy
Fotón	Photon
Gasolina	Xăng
Hidrógeno	Hydro
Industria	Công Nghiệp
Motor	Động Cơ
Nuclear	Hạt Nhân
Renovable	Tái Tạo
Sol	Mặt Trời
Turbina	Tua-Bin
Vapor	Hơi Nước
Viento	Gió

Especias
Gia Vị

Agrio	Chua
Ajo	Tỏi
Amargo	Đắng
Anís	Cây Hồi
Azafrán	Nghệ Tây
Canela	Quế
Cebolla	Hành
Clavo	Đinh Hương
Comino	Cây thì Là
Curry	Cà Ri
Dulce	Ngọt
Hinojo	Thì Là
Jengibre	Gừng
Nuez Moscada	Nhục đậu Khấu
Pimentón	Ớt cựa Gà
Pimienta	Tiêu
Regaliz	Cam Thảo
Sabor	Hương Vị
Sal	Muối
Vainilla	Vani

Ética
Đạo Đức

Altruismo	Lòng vị Tha
Bondad	Lòng Tốt
Compasión	Thương Hại
Cooperación	Hợp Tác
Dignidad	Nhân Phẩm
Diplomático	Ngoại Giao
Filosofía	Triết Học
Honestidad	Trung Thực
Humanidad	Nhân Loại
Individualismo	Cá Nhân
Integridad	Toàn Vẹn
Optimismo	Lạc Quan
Paciencia	Kiên Nhẫn
Razonable	Hợp Lý
Respetuoso	Tôn Trọng
Sabiduría	Sự Khôn Ngoan
Tolerancia	Khoan Dung
Valores	Giá Trị

Familia
Gia Đình

Abuela	Bà
Abuelo	Ông
Antepasado	Tổ Tiên
Esposa	Vợ
Hermana	Em Gái
Hermano	Anh Trai
Hija	Con Gái
Infancia	Thời thơ Ấu
Madre	Mẹ
Marido	Chồng
Niño	Con
Niños	Trẻ Em
Padre	Cha
Primo	Em Họ
Sobrina	Cháu Gái
Sobrino	Cháu
Tía	Dì
Tío	Chú

Filantropía
Hoạt Động từ Thiện

Caridad	Từ Thiện
Comunidad	Cộng Đồng
Contactos	Liên Lạc
Donar	Tặng
Finanzas	Tài Chính
Fondos	Quỹ
Generosidad	Thế Hệ
Gente	Người
Global	Toàn Cầu
Grupos	Nhóm
Historia	Lịch Sử
Honestidad	Trung Thực
Humanidad	Nhân Loại
Juventud	Thanh Niên
Metas	Mục Tiêu
Misión	Nhiệm Vụ
Necesitar	Cần
Niños	Trẻ Em
Programas	Chương Trình
Público	Công Cộng

Física
Vật Lý

Aceleración	Gia Tốc
Átomo	Nguyên Tử
Caos	Hỗn Loạn
Densidad	Mật Độ
Electrón	Điện Tử
Fórmula	Công Thức
Frecuencia	Tần Số
Gas	Khí
Gravedad	Trọng Lực
Magnetismo	Từ Tính
Masa	Khối Lượng
Mecánica	Cơ Khí
Molécula	Phân Tử
Motor	Động Cơ
Nuclear	Hạt Nhân
Partícula	Hạt
Químico	Hóa Chất
Universal	Phổ
Variable	Biến
Velocidad	Tốc Độ

Flores
Những Bông Hoa

Amapola	Poppy
Diente de León	Bồ Công Anh
Gardenia	Gardenia
Girasol	Hướng Dương
Hibisco	Dâm Bụt
Jazmín	Jasmine
Lavanda	Hoa oải Hương
Lila	Tử Đinh Hương
Lirio	Hoa loa Kèn
Magnolia	Magnolia
Margarita	Daisy
Orquídea	Phong Lan
Peonía	Hoa mẫu Đơn
Pétalo	Cánh Hoa
Plumeria	Plumeria
Ramo	Bó Hoa
Rosa	Hoa Hồng
Trébol	Cỏ ba Lá
Tulipán	Lời Khuyên

Formas
Hình Dạng

Arco	Cung
Bordes	Cạnh
Cilindro	Hình Trụ
Círculo	Vòng Tròn
Cono	Nón
Cuadrado	Quảng Trường
Curva	Đường Cong
Elipse	Ellipse
Esfera	Cầu
Esquina	Góc
Hipérbola	Hyperbola
Lado	Bên
Línea	Hàng
Pirámide	Kim tự Tháp
Polígono	Đa Giác
Prisma	Lăng
Rectángulo	Hình chữ Nhật
Ronda	Vòng
Triángulo	Tam Giác

Fruta
Trái Cây

Aguacate	Trái Bơ
Albaricoque	Quả Mơ
Baya	Quả Mọng
Cereza	Quả anh Đào
Coco	Dừa
Frambuesa	Mâm Xôi
Guayaba	Ổi
Kiwi	Quả Kiwi
Limón	Chanh
Mango	Trái Xoài
Manzana	Táo
Melocotón	Đào
Melón	Dưa
Naranja	Cam
Nectarina	Cây Xuân Đào
Papaya	Đu Đủ
Pera	Lê
Piña	Dứa
Plátano	Chuối
Uva	Nho

Fuerza y Gravedad
Lực Lượng và Trọng Lực

Centro	Trung Tâm
Descubrimiento	Khám Phá
Dinámico	Năng Động
Distancia	Khoảng Cách
Eje	Trục
Expansión	Mở Rộng
Física	Vật Lý
Fricción	Ma Sát
Magnetismo	Từ Tính
Magnitud	Cường Độ
Mecánica	Cơ Khí
Movimiento	Cử Động
Órbita	Quỹ Đạo
Peso	Cân Nặng
Planetas	Hành Tinh
Presión	Sức Ép
Propiedades	Tính Chất
Tiempo	Thời Gian
Universal	Phổ
Velocidad	Tốc Độ

Geografía
Môn địa Lý

Altitud	Độ Cao
Atlas	Atlas
Ciudad	Thành Phố
Continente	Lục Địa
Hemisferio	Bán Cầu
Isla	Đảo
Latitud	Vĩ Độ
Longitud	Kinh Độ
Mapa	Bản Đồ
Mar	Biển
Meridiano	Kinh Tuyến
Montaña	Núi
Mundo	Thế Giới
Norte	Bắc
Oeste	Hướng Tây
País	Quốc Gia
Región	Khu Vực
Río	Sông
Sur	Phía Nam
Territorio	Lãnh Thổ

Geología
Địa Chất Học

Ácido	Axit
Calcio	Calcium
Capa	Lớp
Caverna	Hang Động
Continente	Lục Địa
Coral	San Hô
Cristales	Tinh Thể
Cuarzo	Thạch Anh
Erosión	Xói Mòn
Estalactita	Nhũ Đá
Estalagmitas	Măng Đá
Fósil	Hóa Thạch
Lava	Dung Nham
Meseta	Cao Nguyên
Minerales	Khoáng Sản
Piedra	Đá
Sal	Muối
Terremoto	Động Đất
Volcán	Núi Lửa
Zona	Vùng

Geometría
Hình Học

Altura	Chiều Cao
Ángulo	Góc
Cálculo	Tính Toán
Curva	Đường Cong
Diámetro	Đường Kính
Dimensión	Kích Thước
Ecuación	Phương Trình
Horizontal	Ngang
Lógica	Hợp Lý
Masa	Khối Lượng
Mediana	Trung Bình
Número	Số
Paralelo	Song Song
Proporción	Tỷ Lệ
Segmento	Khúc
Simetría	Đối Xứng
Superficie	Bề Mặt
Teoría	Học Thuyết
Triángulo	Tam Giác
Vertical	Thẳng Đứng

Gobierno
Chính Quyền

Ciudadanía	Quốc Tịch
Civil	Dân Sự
Constitución	Hiến Pháp
Democracia	Dân Chủ
Derechos	Quyền
Discurso	Phát Biểu
Discusión	Thảo Luận
Distrito	Quận
Estado	Tiểu Bang
Igualdad	Bình Đẳng
Independencia	Độc Lập
Judicial	Tư Pháp
Justicia	Sự Công Bằng
Ley	Luật
Libertad	Tự Do
Líder	Lãnh Đạo
Monumento	Monument
Nación	Quốc Gia
Política	Chính Trị
Símbolo	Biểu Tượng

Granja #1
Trang Trại số 1

Abeja	Con Ong
Agricultura	Nông Nghiệp
Agua	Nước
Arroz	Gạo
Burro	Donkey
Caballo	Ngựa
Cabra	Dê
Campo	Trường
Cuervo	Con Quạ
Fertilizante	Phân Bón
Gato	Con Mèo
Heno	Cỏ Khô
Miel	Mật Ong
Perro	Chó
Pollo	Gà
Semillas	Hạt Giống
Ternero	Bắp Chân
Tierra	Đất
Vaca	Bò
Valla	Hàng Rào

Granja #2
Trang Trại số 2

Agricultor	Nông Dân
Animales	Động Vật
Cebada	Lúa Mạch
Colmena	Tổ Ong
Comida	Thức Ăn
Fruta	Trái Cây
Gansos	Ngỗng
Granero	Vựa
Huerto	Thẻ
Leche	Sữa
Maduro	Chín
Maíz	Ngô
Molino	Cối xay Gió
Oveja	Cừu
Pato	Vịt
Prado	Đồng Cỏ
Riego	Thủy Lợi
Tractor	Máy Kéo
Trigo	Lúa Mì
Vegetal	Rau

Herboristería
Chủ Nghĩa Thảo Dược

Ajo	Tỏi
Albahaca	Húng Quế
Aromático	Thơm
Azafrán	Nghệ Tây
Calidad	Chất Lượng
Culinario	Ẩm Thực
Eneldo	Rau thì Là
Estragón	Giấm
Flor	Hoa
Hinojo	Thì Là
Ingrediente	Thành Phần
Jardín	Vườn
Lavanda	Hoa oải Hương
Mejorana	Lá Kinh Giới
Menta	Bạc Hà
Perejil	Mùi Tây
Planta	Thực Vật
Romero	Rosemary
Sabor	Hương Vị
Verde	Xanh

Ingeniería
Kỹ Thuật

Ángulo	Góc
Cálculo	Tính Toán
Construcción	Xây Dựng
Diagrama	Sơ Đồ
Diámetro	Đường Kính
Diesel	Diesel
Distribución	Phân Phối
Eje	Trục
Energía	Năng Lượng
Estabilidad	Ổn Định
Estructura	Kết Cấu
Fricción	Ma Sát
Fuerza	Sức Mạnh
Líquido	Chất Lỏng
Máquina	Máy
Medición	Đo
Motor	Động Cơ
Palancas	Đòn Bẩy
Profundidad	Độ Sâu
Propulsión	Đẩy

Insectos
Côn Trùng

Abeja	Con Ong
Avispa	Ong
Avispón	Hornet
Áfido	Rệp
Cigarra	Con ve Sầu
Cucaracha	Gián
Escarabajo	Bọ Cánh Cứng
Gusano	Sâu
Hormiga	Kiến
Langosta	Cào Cào
Larva	Ấu Trùng
Mantis	Bọ Ngựa
Mariposa	Bướm
Mariquita	Ladybug
Mosquito	Muỗi
Polilla	Bướm Đêm
Pulga	Bọ Chét
Saltamontes	Châu Chấu
Termita	Mối

Instrumentos Musicales
Nhạc Cụ

Armónica	Harmonica
Arpa	Đàn Hạc
Banjo	Bass
Baquetas	Đùi
Clarinete	Clarinet
Fagot	Dàn Nhạc
Flauta	Sáo
Gong	Chiêng
Guitarra	Đàn ghi Ta
Mandolina	Mandolin
Marimba	Marimba
Pandereta	Lục Lạc
Percusión	Gõ
Piano	Dương Cầm
Saxofón	Saxophone
Tambor	Trống
Trombón	Trombone
Trompeta	Kèn
Violín	Đàn vi ô Lông
Violonchelo	Cello

Jardinería
Làm Vườn

Agua	Nước
Botánico	Thực Vật
Clima	Khí Hậu
Comestible	Ăn Được
Compost	Phân
Contenedor	Bình
Especie	Loài
Estacional	Mùa
Exótico	Kỳ Lạ
Floral	Hoa
Follaje	Lá
Huerto	Thẻ
Humedad	Độ Ẩm
Manguera	Vòi
Ramo	Bó Hoa
Semillas	Hạt Giống
Suciedad	Bụi Bẩn
Suelo	Đất

Jardín
Khu Vườn

Arbusto	Bụi Cây
Árbol	Cây
Banco	Băng Ghế
Estanque	Ao
Flor	Hoa
Garaje	Ga-Ra
Hamaca	Võng
Hierba	Cỏ
Huerto	Thẻ
Jardín	Vườn
Malezas	Weeds
Manguera	Vòi
Pala	Xẻng
Porche	Hiên
Rastrillo	Cào
Rocas	Đá
Suelo	Đất
Terraza	Sân Thượng
Trampolín	Tấm Bạt
Valla	Hàng Rào

Jazz
Nhạc Jazz

Artista	Nghệ Sĩ
Álbum	Album
Canción	Bài Hát
Composición	Thành Phần
Compositor	Nhà Soạn Nhạc
Concierto	Buổi hòa Nhạc
Estilo	Phong Cách
Énfasis	Nhấn Mạnh
Famoso	Nổi Danh
Favoritos	Yêu Thích
Género	Thể Loại
Improvisación	Hứng
Música	Âm Nhạc
Nuevo	Mới
Orquesta	Dàn Nhạc
Ritmo	Nhịp
Talento	Tài Năng
Tambores	Trống
Técnica	Kỹ Thuật
Viejo	Cũ

La Empresa
Các Công Ty

Calidad	Chất Lượng
Creativo	Sáng Tạo
Decisión	Quyết Định
Empleo	Việc Làm
Global	Toàn Cầu
Industria	Công Nghiệp
Ingresos	Doanh Thu
Inversión	Đầu Tư
Negocio	Kinh Doanh
Posibilidad	Khả Năng
Presentación	Trình Bày
Producto	Sản Phẩm
Profesional	Chuyên Nghiệp
Progreso	Tiến Bộ
Recursos	Tài Nguyên
Reputación	Danh Tiếng
Riesgos	Rủi Ro
Salarios	Tiền Lương
Tendencias	Xu Hướng
Unidades	Đơn Vị

Libros
Sách

Autor	Tác Giả
Colección	Bộ sưu Tập
Contexto	Bối Cảnh
Dualidad	Kéo Dài
Escrito	Viết
Historia	Câu Chuyện
Histórico	Lịch Sử
Humorístico	Hài Hước
Inmersión	Ngâm
Inventivo	Sáng Tạo
Lector	Người Đọc
Literario	Văn Học
Novela	Tiểu Thuyết
Palabras	Từ
Página	Trang
Pertinente	Có Liên Quan
Poema	Bài Thơ
Poesía	Thơ
Serie	Loạt
Trágico	Bi Kịch

Literatura
Văn Học

Analogía	Tương Tự
Análisis	Phân Tích
Anécdota	Giai Thoại
Autor	Tác Giả
Biografía	Tiểu Sử
Comparación	So Sánh
Conclusión	Phần kết Luận
Descripción	Sự Miêu Tả
Diálogo	Hội Thoại
Estilo	Phong Cách
Ficción	Viễn Tưởng
Metáfora	Ẩn Dụ
Novela	Tiểu Thuyết
Opinión	Ý Kiến
Poema	Bài Thơ
Poético	Thơ
Rima	Vần
Ritmo	Nhịp
Tema	Chủ Đề
Tragedia	Bi Kịch

Los Medios de Comunicación
Các Phương Tiện Truyền T

Actitudes	Thái Độ
Comercial	Thương Mại
Comunicación	Liên Lạc
Digital	Kỹ Thuật Số
Edición	Phiên Bản
Educación	Giáo Dục
En Línea	Trực Tuyến
Financiación	Kinh Phí
Fotos	Ảnh
Hechos	Sự Thật
Individual	Cá Nhân
Industria	Công Nghiệp
Intelectual	Trí Tuệ
Local	Địa Phương
Opinión	Ý Kiến
Periódicos	Báo
Público	Công Cộng
Radio	Đài
Red	Mạng
Revistas	Tạp Chí

Mamíferos
Động vật có Vú

Ballena	Cá Voi
Burro	Donkey
Caballo	Ngựa
Camello	Lạc Đà
Canguro	Kangaroo
Cebra	Ngựa Vằn
Conejo	Thỏ
Coyote	Coyote
Delfín	Cá Heo
Elefante	Con Voi
Gato	Con Mèo
Gorila	Khỉ Đột
Jirafa	Hươu cao Cổ
Lobo	Chó Sói
Mono	Khỉ
Oso	Gấu
Oveja	Cừu
Perro	Chó
Toro	Bò Đực
Zorro	Cáo

Matemáticas
Toán Học

Aritmética	Số Học
Ángulos	Góc
Cuadrado	Quảng Trường
Decimal	Thập Phân
Diámetro	Đường Kính
Ecuación	Phương Trình
Esfera	Cầu
Exponente	Mũ
Fracción	Phân Số
Geometría	Hình Học
Números	Số
Paralelo	Song Song
Perímetro	Chu Vi
Perpendicular	Vuông Góc
Polígono	Đa Giác
Radio	Bán Kính
Rectángulo	Hình chữ Nhật
Simetría	Đối Xứng
Triángulo	Tam Giác
Volumen	Âm Lượng

Mediciones
Các Phép Đo

Altura	Chiều Cao
Ancho	Chiều Rộng
Byte	Byte
Centímetro	Centimet
Decimal	Thập Phân
Grado	Trình Độ
Gramo	Gram
Kilogramo	Kilôgam
Kilómetro	Kilômét
Litro	Lít
Longitud	Chiều Dài
Masa	Khối Lượng
Metro	Mét
Minuto	Phút
Onza	Ounce
Peso	Cân Nặng
Profundidad	Độ Sâu
Pulgada	Inch
Tonelada	Tấn
Volumen	Âm Lượng

Meditación
Thiền

Aceptación	Chấp Nhận
Atención	Chú Ý
Bondad	Lòng Tốt
Calma	Lặng
Claridad	Rõ Ràng
Compasión	Thương Hại
Emociones	Cảm Xúc
Gratitud	Lòng Biết Ơn
Mental	Tâm Thần
Mente	Lí Trí
Movimiento	Phong Trào
Música	Âm Nhạc
Naturaleza	Thiên Nhiên
Observación	Quan Sát
Paz	Hòa Bình
Pensamientos	Suy Nghĩ
Perspectiva	Quan Điểm
Postura	Tư Thế
Respiración	Thở
Silencio	Im Lặng

Mitología
Thần Thoại

Arquetipo	Nguyên Mẫu
Celos	Ghen
Cielo	Thiên Đường
Comportamiento	Hành Vi
Creación	Sáng Tạo
Creencias	Niềm Tin
Criatura	Sinh Vật
Cultura	Văn Hoá
Desastre	Thảm Họa
Fuerza	Sức Mạnh
Guerrero	Chiến Binh
Héroe	Anh Hùng
Inmortalidad	Sự bất Tử
Laberinto	Mê Cung
Leyenda	Truyền Thuyết
Monstruo	Quái Vật
Mortal	Có Chết
Rayo	Sét
Trueno	Sấm
Venganza	Trả Thù

Moda
Thời Trang

Bordado	Nghề Thêu
Botones	Nút
Boutique	Cửa Hàng
Caro	Đắt
Elegante	Thanh Lịch
Encaje	Ren
Estilo	Phong Cách
Mediciones	Đo
Minimalista	Tối Giản
Moderno	Hiện Đại
Modesto	Khiêm Tốn
Original	Gốc
Patrón	Mẫu
Práctico	Thực Tế
Ropa	Quần Áo
Sencillo	Đơn Giản
Sofisticado	Tinh Vi
Tejido	Vải
Tendencia	Xu Hướng
Textura	Kết Cấu

Música
Âm Nhạc

Armonía	Hòa Hợp
Álbum	Album
Balada	Ballad
Cantante	Ca Sĩ
Cantar	Hát
Clásico	Cổ Điển
Coro	Điệp Khúc
Grabación	Ghi Âm
Improvisar	Ứng Biến
Instrumento	Dụng Cụ
Melodía	Giai Điệu
Micrófono	Microphone
Musical	Âm Nhạc
Músico	Nhạc Sĩ
Ópera	Opera
Poético	Thơ
Ritmo	Nhịp
Rítmico	Nhịp Nhàng
Tempo	Tiến Độ
Vocal	Giọng Hát

Naturaleza
Thiên Nhiên

Abejas	Ong
Animales	Động Vật
Ártico	Bắc Cực
Belleza	Vẻ Đẹp
Bosque	Rừng
Desierto	Sa Mạc
Dinámico	Năng Động
Erosión	Xói Mòn
Follaje	Lá
Glaciar	Sông Băng
Montañas	Núi
Niebla	Sương Mù
Nubes	Đám Mây
Pacífico	Hòa Bình
Río	Sông
Salvaje	Hoang Dã
Santuario	Thánh
Sereno	Serene
Tropical	Nhiệt Đới
Vital	Quan Trọng

Negocio
Doanh Nghiệp

Carrera	Nghề Nghiệp
Costo	Chi Phí
Descuento	Giảm Giá
Dinero	Tiền
Economía	Kinh Tế
Empleado	Nhân Viên
Empleador	Chủ Nhân
Empresa	Công Ty
Fábrica	Nhà Máy
Finanzas	Tài Chính
Impuestos	Thuế
Ingreso	Thu Nhập
Inversión	Đầu Tư
Mercancía	Hàng Hóa
Moneda	Tiền Tệ
Oficina	Văn Phòng
Presupuesto	Ngân Sách
Tienda	Cửa Tiệm
Transacción	Giao Dịch
Venta	Bán

Nutrición
Dinh Dưỡng

Amargo	Đắng
Apetito	Ngon
Calidad	Chất Lượng
Calorías	Calo
Carbohidratos	Carbohydrate
Cereales	Ngũ Cốc
Comestible	Ăn Được
Dieta	Ăn Kiêng
Digestión	Tiêu Hóa
Equilibrado	Cân Bằng
Fermentación	Lên Men
Hábitos	Thói Quen
Peso	Cân Nặng
Proteínas	Protein
Sabor	Hương Vị
Salsa	Nước Xốt
Salud	Sức Khỏe
Saludable	Khỏe Mạnh
Toxina	Độc Tố
Vitamina	Vitamin

Números
Con Số

Catorce	Mười Bốn
Cero	Số Không
Cinco	Năm
Cuatro	Bốn
Decimal	Thập Phân
Diecinueve	Mười Chín
Dieciocho	Mười Tám
Dieciséis	Mười Sáu
Diecisiete	Mười Bảy
Diez	Mười
Doce	Mười Hai
Dos	Hai
Nueve	Chín
Ocho	Tám
Quince	Mười Lăm
Seis	Sáu
Siete	Bảy
Trece	Mười Ba
Tres	Ba
Veinte	Hai Mươi

Océano
Đại Dương

Alga	Tảo
Anguila	Lươn
Arrecife	Trả Lại
Atún	Cá Ngừ
Ballena	Cá Voi
Barco	Thuyền
Camarón	Tôm
Cangrejo	Cua
Coral	San Hô
Delfín	Cá Heo
Esponja	Bọt Biển
Mareas	Thủy Triều
Medusa	Sứa
Ostra	Hàu
Pescado	Cá
Pulpo	Bạch Tuộc
Sal	Muối
Tiburón	Cá Mập
Tormenta	Bão Táp
Tortuga	Rùa

Paisajes
Phong Cảnh

Acantilado	Vách Đá
Cascada	Thác Nước
Cueva	Hang
Desierto	Sa Mạc
Estuario	Cửa Sông
Glaciar	Sông Băng
Golfo	Vịnh
Isla	Đảo
Lago	Hồ
Laguna	Đầm
Mar	Biển
Montaña	Núi
Oasis	Ốc Đảo
Pantano	Đầm Lầy
Península	Bán Đảo
Playa	Bãi Biển
Río	Sông
Tundra	Lãnh Nguyên
Valle	Thung Lũng
Volcán	Núi Lửa

Países #1
Quốc gia số 1

Alemania	Đức
Argentina	Argentina
Bélgica	Bỉ
Brasil	Brazil
Canadá	Canada
Ecuador	Ecuador
Egipto	Ai Cập
España	Tây ban Nha
Filipinas	Philippines
Honduras	Honduras
India	Ấn Độ
Italia	Ý
Libia	Libya
Malí	Mali
Marruecos	Morocco
Nicaragua	Nicaragua
Noruega	Na Uy
Panamá	Panama
Polonia	Ba Lan
Venezuela	Venezuela

Países #2
Quốc gia # 2

Albania	Albania
Australia	Vietnam
Austria	Áo
Dinamarca	Đan Mạch
Etiopía	Ethiopia
Francia	Pháp
Grecia	Hy Lạp
Indonesia	Indonesia
Irlanda	Ireland
Jamaica	Jamaica
Japón	Nhật Bản
Laos	Lào
México	Mexico
Pakistán	Pakistan
Portugal	Bồ đào Nha
Rusia	Nga
Siria	Syria
Sudán	Sudan
Ucrania	Ukraina
Uganda	Uganda

Pájaros
Chim

Avestruz	Đà Điểu
Águila	Đại Bàng
Cigüeña	Cò
Cisne	Thiên Nga
Cuco	Chim Cu
Cuervo	Con Quạ
Flamenco	Flamingo
Ganso	Ngỗng
Garza	Diệc
Gaviota	Mòng Biển
Gorrión	Chim Sẻ
Halcón	Diều Hâu
Huevo	Trứng
Loro	Con Vẹt
Paloma	Chim bồ Câu
Pato	Vịt
Pelícano	Bồ Nông
Pingüino	Chim Cánh Cụt
Pollo	Gà
Tucán	Toucan

Pesca
Đánh bắt Cá

Agua	Nước
Aletas	Vây
Barco	Thuyền
Branquias	Mang
Cable	Dây
Cebo	Mồi
Cesta	Cái Rổ
Cocinar	Nấu
Equipo	Thiết Bị
Exageración	Phóng Đại
Gancho	Móc
Lago	Hồ
Mandíbula	Hàm
Océano	Đại Dương
Paciencia	Kiên Nhẫn
Peso	Cân Nặng
Playa	Bãi Biển
Río	Sông
Temporada	Mùa

Plantas
Cây

Arbusto	Bụi Cây
Árbol	Cây
Bambú	Tre
Baya	Quả Mọng
Bosque	Rừng
Botánica	Thực vật Học
Cactus	Xương Rồng
Fertilizante	Phân Bón
Flor	Hoa
Flora	Flora
Follaje	Lá
Frijol	Hạt Đậu
Hiedra	Ivy
Hierba	Cỏ
Jardín	Vườn
Musgo	Rêu
Pétalo	Cánh Hoa
Raíz	Nguồn Gốc
Sol	Mặt Trời
Vegetación	Thực Vật

Profesiones #1
Nghề Nghiệp số 1

Abogado	Luật Sư
Artista	Nghệ Sĩ
Atleta	Lực Sĩ
Bailarín	Vũ Công
Banquero	Ngân Hàng
Bombero	Lính cứu Hỏa
Cazador	Thợ Săn
Científico	Nhà Khoa Học
Doctor	Bác Sĩ
Editor	Biên tập Viên
Embajador	Đại Sứ
Enfermera	Y Tá
Fontanero	Plumber
Geólogo	Nhà địa Chất
Joyero	Jeweler
Marinero	Thủy Thủ
Músico	Nhạc Sĩ
Pianista	Nghệ sĩ Piano
Sastre	Thợ May
Veterinario	Bác sĩ thú Y

Psicología
Tâm lý Học

Cita	Cuộc Hẹn
Clínico	Lâm Sàng
Cognición	Nhận Thức
Comportamiento	Hành Vi
Conflicto	Xung Đột
Ego	Cái Tôi
Emociones	Cảm Xúc
Evaluación	Đánh Giá
Experiencias	Kinh Nghiệm
Ideas	Ý Tưởng
Inconsciente	Bất Tỉnh
Infancia	Thời thơ Ấu
Pensamientos	Suy Nghĩ
Personalidad	Cá Tính
Problema	Vấn Đề
Realidad	Thực Tế
Sensación	Cảm Giác
Subconsciente	Tiềm Thức
Sueños	Giấc Mơ
Terapia	Trị Liệu

Química
Hóa Học

Alcalino	Kiềm
Ácido	Axit
Calor	Nhiệt
Carbono	Carbon
Catalizador	Chất xúc Tác
Cloro	Clo
Electrón	Điện Tử
Enzima	Enzyme
Gas	Khí
Hidrógeno	Hydro
Ion	Ion
Líquido	Chất Lỏng
Metales	Kim Loại
Molécula	Phân Tử
Nuclear	Hạt Nhân
Oxígeno	Ôxy
Peso	Cân Nặng
Reacción	Phản Ứng
Sal	Muối
Temperatura	Nhiệt Độ

Restaurante #2
Nhà Hàng số 2

Agua	Nước
Almuerzo	Bữa Trưa
Aperitivo	Món Khai Vị
Bebida	Đồ Uống
Camarero	Phục vụ Nam
Cena	Bữa Tối
Cuchara	Cái Thìa
Delicioso	Ngon
Ensalada	Salad
Especias	Gia Vị
Fruta	Trái Cây
Hielo	Băng
Huevos	Trứng
Pastel	Bánh
Pescado	Cá
Sal	Muối
Silla	Ghế
Sopa	Súp
Tenedor	Cái Nĩa
Verduras	Rau

Ropa
Quần Áo

Blusa	Áo Cánh
Bufanda	Khăn Quàng Cổ
Calcetines	Vớ
Camisa	Áo sơ Mi
Chaqueta	Áo Khoác
Cinturón	Thắt Lưng
Collar	Vòng Cổ
Delantal	Tạp Dề
Falda	Váy
Guantes	Găng Tay
Joyas	Trang Sức
Moda	Thời Trang
Pantalones	Quần
Pijama	Pajama
Pulsera	Vòng Tay
Sandalias	Dép
Sombrero	Mũ
Suéter	Áo Len
Vestido	Ăn
Zapato	Giày

Salud y Bienestar #1
Sức Khỏe và sức Khỏe # 1

Activo	Hoạt Động
Altura	Chiều Cao
Bacterias	Vi Khuẩn
Doctor	Bác Sĩ
Farmacia	Tiệm Thuốc
Fractura	Gãy Xương
Hambre	Đói
Hábito	Thói Quen
Hormonas	Kích Thích Tố
Huesos	Xương
Medicina	Thuốc
Músculos	Cơ Bắp
Nervios	Dây Thần Kinh
Piel	Da
Postura	Tư Thế
Reflejo	Phản Xạ
Relajación	Thư Giãn
Terapia	Trị Liệu
Tratamiento	Điều Trị
Virus	Vi Rút

Salud y Bienestar #2
Sức Khỏe và sức Khỏe # 2

Alergia	Dị Ứng
Anatomía	Giải Phẫu Học
Apetito	Ngon
Caloría	Calo
Dieta	Ăn Kiêng
Digestión	Tiêu Hóa
Energía	Năng Lượng
Enfermedad	Bệnh
Estrés	Căng Thẳng
Genética	Di Truyền
Higiene	Vệ Sinh
Hospital	Bệnh Viện
Infección	Nhiễm Trùng
Masaje	Xoa Bóp
Nutrición	Dinh Dưỡng
Peso	Cân Nặng
Recuperación	Phục Hồi
Saludable	Khỏe Mạnh
Sangre	Máu
Vitamina	Vitamin

Senderismo
Đi bộ Đường Dài

Acantilado	Vách Đá
Agua	Nước
Animales	Động Vật
Botas	Giày Ống
Camping	Cắm Trại
Cansado	Mệt
Clima	Khí Hậu
Guías	Hướng Dẫn
Mapa	Bản Đồ
Montaña	Núi
Mosquitos	Muỗi
Naturaleza	Thiên Nhiên
Orientación	Sự Định Hướng
Parques	Công Viên
Pesado	Nặng
Piedras	Đá
Preparación	Chuẩn Bị
Salvaje	Hoang Dã
Sol	Mặt Trời

Suministros de Arte
Đồ Dùng Nghệ Thuật

Aceite	Dầu
Acrílico	Acrylic
Acuarelas	Màu Nước
Agua	Nước
Arcilla	Đất Sét
Borrador	Tẩy
Caballete	Easel
Cámara	Máy Ảnh
Cepillos	Bàn Chải
Colores	Màu Sắc
Creatividad	Sáng Tạo
Ideas	Ý Tưởng
Lápices	Bút Chì
Mesa	Bàn
Papel	Giấy
Pasteles	Pastels
Pegamento	Keo
Pinturas	Sơn
Silla	Ghế
Tinta	Mực

Tecnología
Công Nghệ

Archivo	Tập Tin
Blog	Blog
Bytes	Nội
Cámara	Máy Ảnh
Cursor	Con Trỏ
Datos	Dữ Liệu
Digital	Kỹ Thuật Số
Estadísticas	Thống Kê
Fuente	Chữ
Internet	Internet
Investigación	Nghiên Cứu
Mensaje	Thông Điệp
Navegador	Trình Duyệt
Ordenador	Máy Tính
Pantalla	Màn
Seguridad	An Ninh
Software	Phần Mềm
Virtual	Ảo
Virus	Vi Rút

Tiempo
Thời Gian

Ahora	Bây Giờ
Antes	Trước
Anual	Hàng Năm
Año	Năm
Ayer	Hôm Qua
Calendario	Lịch
Década	Thập Kỷ
Día	Ngày
Futuro	Tương Lai
Hora	Giờ
Hoy	Hôm Nay
Mañana	Buổi Sáng
Mediodía	Buổi Trưa
Mes	Tháng
Minuto	Phút
Momento	Chốc Lát
Noche	Đêm
Reloj	Đồng Hồ
Semana	Tuần
Siglo	Thế Kỷ

Tipos de Cabello
Các Loại Tóc

Blanco	Trắng
Brillante	Sáng Bóng
Calvo	Hói
Coloreado	Màu
Corto	Ngắn
Delgada	Mỏng
Gris	Màu Xám
Grueso	Dày
Largo	Dài
Marrón	Màu Nâu
Negro	Đen
Plata	Bạc
Rizado	Xoăn
Rizos	Curls
Rubio	Tóc Vàng
Saludable	Khỏe Mạnh
Seco	Khô
Suave	Mềm
Trenzado	Bện
Trenzas	Braids

Vacaciones #2
Kỳ Nghỉ số 2

Aeropuerto	Sân Bay
Camping	Cắm Trại
Carpa	Lều
Destino	Điểm Đến
Extranjero	Ngoại Quốc
Fotos	Ảnh
Hotel	Khách Sạn
Isla	Đảo
Mapa	Bản Đồ
Mar	Biển
Montañas	Núi
Ocio	Giải Trí
Pasaporte	Hộ Chiếu
Playa	Bãi Biển
Taxi	Xe tắc Xi
Transporte	Vận Chuyển
Tren	Xe Lửa
Vacaciones	Ngày Lễ
Viaje	Hành Trình
Visa	Thị Thực

Vehículos
Xe Cộ

Ambulancia	Xe cứu Thương
Autobús	Xe Buýt
Avión	Máy Bay
Balsa	Bè
Barco	Thuyền
Bicicleta	Xe Đạp
Camión	Xe Tải
Caravana	Caravan
Coche	Xe Hơi
Cohete	Tên Lửa
Ferry	Phà
Furgoneta	Van
Metro	Xe Điện Ngầm
Motor	Động Cơ
Neumáticos	Lốp
Scooter	Xe tay Ga
Submarino	Tàu Ngầm
Taxi	Xe tắc Xi
Tractor	Máy Kéo
Tren	Xe Lửa

Verduras
Rau Củ

Ajo	Tỏi
Alcachofa	Atisô
Apio	Cần Tây
Berenjena	Cà Tím
Brócoli	Bông cải Xanh
Calabaza	Quả bí Ngô
Cebolla	Hành
Chalote	Củ Hẹ
Ensalada	Salad
Espinacas	Rau Bina
Guisante	Đậu
Jengibre	Gừng
Nabo	Củ Cải
Oliva	Ô Liu
Patata	Khoai Tây
Pepino	Dưa Chuột
Perejil	Mùi Tây
Seta	Nấm
Tomate	Cà Chua
Zanahoria	Cà Rốt

Virtudes #1
Đức Hạnh số 1

Apasionado	Đam Mê
Artístico	Nghệ Thuật
Bien	Tốt
Curioso	Tò Mò
Decisivo	Quyết Định
Eficiente	Hiệu Quả
Encantador	Quyến Rũ
Fiable	Đáng tin Cậy
Generoso	Rộng Lượng
Gracioso	Buồn Cười
Imaginativo	Tưởng Tượng
Independiente	Độc Lập
Inteligente	Thông Minh
Limpio	Dọn Dẹp
Modesto	Khiêm Tốn
Paciente	Kiên Nhẫn
Práctico	Thực Tế
Sabio	Khôn Ngoan
Útil	Hữu Ích

Enhorabuena

Lo has conseguido!

Esperamos que hayas disfrutado de este libro tanto como nosotros al diseñarlo. Nos esforzamos por crear libros de la máxima calidad posible.
Esta edición está diseñada para proporcionar un aprendizaje inteligente, de calidad y divertido!

¿Te ha gustado este libro?

Una Petición Sencilla

Estos libros existen gracias a las reseñas que se publican.
¿Podrías ayudarnos dejando una reseña ahora?
Aquí tienes un breve enlace a la página de reseñas

BestBooksActivity.com/Opiniones50

¡DESAFÍO FINAL!

Reto n°1

¿Estás listo para tu juego gratis? Los utilizamos siempre, pero no son tan fáciles de encontrar. ¡Aquí están los **Sinónimos**!
Escribe 5 palabras que hayas encontrado en los rompecabezas (#21, #36, #76) y trata de encontrar 2 sinónimos para cada palabra.

Escriba 5 palabras del ***Puzzle 21***

Palabras	Sinónimo 1	Sinónimo 2

Escriba 5 palabras del ***Puzzle 36***

Palabras	Sinónimo 1	Sinónimo 2

Escriba 5 palabras del ***Puzzle 76***

Palabras	Sinónimo 1	Sinónimo 2

Reto n°2

Ahora que te has calentado, escribe 5 palabras que hayas encontrado en los Puzzles 9, 17 y 25 e intenta encontrar 2 antónimos para cada palabra. ¿Cuántos puedes encontrar en 20 minutos?

Escriba 5 palabras del ***Puzzle 9***

Palabras	Antónimo 1	Antónimo 2

Escriba 5 palabras del ***Puzzle 17***

Palabras	Antónimo 1	Antónimo 2

Escriba 5 palabras del ***Puzzle 25***

Palabras	Antónimo 1	Antónimo 2

Reto n°3

¡Genial! Este desafío final 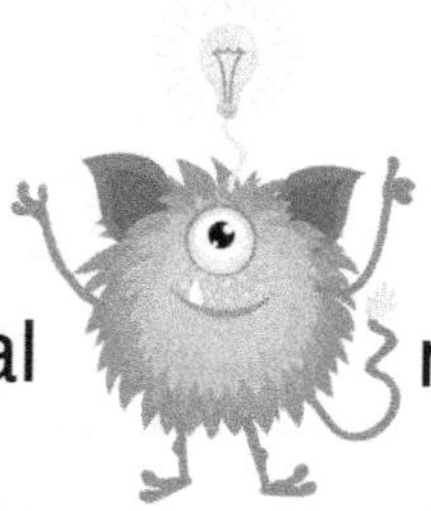 no es nada para ti.

¿Preparado para el reto final? Elige 10 palabras que hayas descubierto en los diferentes rompecabezas y escríbelas a continuación.

1.	6.
2.	7.
3.	8.
4.	9.
5.	10.

Ahora escribe un texto pensando en una persona, un animal o un lugar que te guste.

Puedes usar la última página de este libro como borrador.

Tu Composición:

CUADERNO DE NOTAS :

HASTA PRONTO !

Todo el Equipo

www.ingramcontent.com/pod-product-compliance
Lightning Source LLC
Chambersburg PA
CBHW082041120626
46553CB00011B/3242
9798896702993